教育哲学講義

子ども性への回帰と対話的教育

河野哲也
Tetsuya KONO

keiso shobo

教育哲学講義——子ども性への回帰と対話的教育／目　次

第Ⅱ部　子ども性と教育の社会

それは文明の終焉であり、太古から人間がそのために苦闘してきたものすべての終末だった。わずか数日のあいだに、人類は未来を永遠に失ってしまったのだ。なぜなら子供たちを奪われると、どんな種族も、たちまち失意のどん底に陥って、生きようとする意志も完全に破壊されてしまうからだ。

アーサー・C・クラーク『幼年期の終り』福島正実訳、早川書房、Kindle 版、p. 280)

序論　児童期への回帰としての教育

本書はなぜ書かれるのか

本書は、教育についての新しい考え方を提示するために書かれた哲学の書である。筆者は、長年、「子どもの哲学」と呼ばれる活動を行い、その内容を大学の「教育哲学」という講義で論じてきた。その中で徐々に生まれてきた考えを、本書にまとめてみた。子どもの哲学とは、国際的には、「子どものための、子どもとともにする哲学（Philosophy for/with Children）」とか、「子どもとともに行う哲学探究（Philosophical Inquiry with Children）」と呼ばれ、子どもと大人が一緒に、あるいは、子ども同士で、哲学的なテーマについて議論する活動である。

この活動をさまざま地域、さまざまな年齢を対象にして重ねていくうちに、筆者は、従来から私たち大人が暗黙に想定している子ども観とその発達観を大幅に変える必要がある、こう感じざるをえなくなってきた。そして、教育がどうあるべきかについても、それに応じて、百八十度変えるべきではないかという確信に近い思いを抱くようになってきた。

本書が主張する内容は、かなり抽象的であるし、従来の常識を大きく変えるように迫っているものなので、すぐに教育政策や教育の方法に反映できるとは思われない。筆者の主張に仮に賛成できたとしても、それをどう実現していったらよいか、多くの人たちは戸惑うに違いない。

だが、まさに筆者は、大人たちに対して、その戸惑いから、子どもとその教育に関する考えを改め、むしろ、子どもたちからこそ学ぶべきことを本書で薦めようとしているのである。本書は、大人が子どもに教えるという意味での教育という営みを解体しようとして書かれている。本書の主張は、突き詰めれば、大人は、子どもと共に、子どもから学ぶべきだ、あるいは、大人は子どもに戻るべきだ、というものに尽きるものである。

この主張は、あまり斬新な響きをもっていないかもしれない。同じような響きの言葉を、読者の皆さんは、どこかで聞いたことがあるかもしれない。しかしその考えを本気で思っている人がどれだけいるだろうか。それを実現することがいかに困難であるか。いかにそれを実行できる大人が少ないか。いかにその貢献が理解されないでいるか。本書は、子どもであること（子ども性）の重大な意義を、真剣に教育の中に取り込もうとするものである。

筆者が、子ども性への回帰というアイデアの重要性に気づいていったのは、いま述べたように、子どもの哲学と呼ばれる活動に取り組んできたことに由来する。子どもと大人が一緒に哲学的なテーマについて議論したときに、いつも痛感させられるのは、子どもの柔軟な問いや独創的な発想に比較して、大人たちの発する問いがしばしば一定の型にはめられ、その発言が自分の社会的役割から逃れられていないことである。対話がクリエイティブになるには、参加者がそれまでの知識や経験を一旦放棄して、自分の現在の社会的立場を離れ、他者の考えに照らして己の考えを検討しなければならない。しかし、社会の中での自分の地位や位置から離れることを促し、「一人の人間としてどう思いますか」などと問いかけると、ただ首を傾げて沈黙する大人がいかに多いことか。

自分が社会の中で生きていくには、特定の地位が必要とされる。何かを語るのに、ポジションが必要とされるのだ。大人はこうした傾向にしばしばとらわれているが、そのことが、いかなることを招いているのかを、よく理解しなければならない。ただ発想に柔軟さが欠けていくというだけのことではない。

筆者は、子どもの哲学に関わるずいぶん前から、障害のあるお子さんたちの教育に携わってきた。いまだに、日本では、障害のある子どもは、その特性に応じて「通常の」子どもたちから分離して教育する方がよいと思われていることがある。障害のある子どもは、別の場所で教育を施して、一般の社会に参加できる素養と能力を育てるべきだと考える人が少なくない。分離教育を効率よく施した上で、障害のある人々を一般社会に迎え入れるべきだ。こうした考え方を持っている大人や教育者が、相当数いるのである。

しかし、これは、社会に参加するには資格が必要とされるという考えに基づいている。社会の中で優位な立場に立つ人たちの中には、受験という選別制度の中で勝者の側に立ってきたために、選別という仕組みが自分の体の中に染み付いてしまっている。そしてその恐ろしさに気づいてもいない。「一定の能力に達していない者は、社会に参加することはできない。そうした者は、社会からこぼれ落ちた者であり、生きているというよりも生かされているのだ」。このような考え方が暗黙のうちに多くの人に共有されている社会では、障害があるとレッテルを貼られれば、いつ社会から排除されてもおかしくない。「有能」ではなく、ただの人間でいるだけでは、「無用」のものとして社会から疎外される。最悪の場合、日本で起きた精神障害者施設での障害者の大量殺傷事件のように、生の領域から追い出されてしまいかねない。

もし社会がそうした傾向を持っているとすれば、誰も社会的な有用性や一定の役割を示すアイデンティティを自分から取り外そうという気持ちは起きないだろう。ただのひとりの人間であることは、社会のなかであってはならない状態だからである。こうして大人たちは、何者かであろうとして、その役割を身に染み込ませ、その制服をもはや脱げなくなっていく。それが、子どもの哲学で、大人が一人の人間として語ることができなくなっている原因である。そうした人のなかには、しばしば対話そのものを無用のものと考える人たちすらいる。そうしてますます自らの存在を社会での役割や立場へと還元していく。発想の硬い大人の多い社会は、かくも危険なのである。

これまで教育は、子どもを大人へと成長させる過程として理解されてきた。しかし、その大人になることが、自分を何よりもひとりの裸の人間として捉えることから離れてしまうことであるなら、それはどれほど危ういことであろうか。

　本書では、それとは全く異なる考え、すなわち、教育を、人間を子どもへと成長させる過程、子ども性へ回帰させる過程として理解する新しい教育観を提示する。それは、人間が人間のままでいることができるような教育と言い換えることができる。実際に、子どもの哲学の分野では、児童期へ回帰という概念が注目され始めているのである。

「思い出しなさい。あなたがかつて若かったことを」

「子どもに戻るための教育」、「児童期への回帰としての教育」などというスローガンを耳にされた読者は、奇妙な印象を持たれたかもしれない。子どもへの教育とは、子どもを大人にすることであって、子ども時代に戻るための教育などありえないのではないか、と。そもそも、児童期へ回帰する教育学は誰を対象にしているのか、とも疑問に思われたかもしれない。その答えは、子どもであり、大人でもある。子どもにおいても、大人においても、子ども性を発展させようとすることこそが、教育だと主張したい。このアイデアは、もちろん、筆者がはじめて思いついたものではない。ある意味で、近代的な教育学のあけぼのにおいて、すでに主張されてきたことである。

　そうした主張をした一人として、一五世紀の哲学者のエラスムスをあげることができる。彼は、中世がまだ余韻を残すなか、近代的な教育観をはじめて提示した人物である。

『1523年のエラスムス』
（ハンス・ホルバイン作）

エラスムス（Desiderius Erasmus Roterodamus, 一四六六—一五三六）は、ルネサンス期のオランダ出身の人文学者であり、哲学者である。時代的には中世と近代の過渡期に、思想的にはカトリックと当時勃興してきた新教との狭間に身をおいた哲学者であった。彼は、数多くの著作を記し、印刷技術の発達期であった時代を反映して、欧州全域で、王侯貴族から市民層まで多く人々に親しまれる作家となった。

エラスムスは、晩年には、教育論『子どもたちに良習と文学を惜しみなく教えることを出生から直ちに行う、ということについての主張』（一五二九年）を記し、『子どもの礼儀作法についての覚書（少年礼儀作法論）』という小著とともに、欧州の広い層に愛好された（エラスムス、1994）。当時の欧州は、経済の発展から教育熱が市民層まで強まっていたからである。

エラスムスの教育論が強調しているのは、教育は幼少の頃から始めるべきこと、体罰や過酷な学習は決して課してはならないこと、子ども自身の自主性を重んじること、遊びや戯れと繋げながら教育を行うべきことなどである。これらの主張は、現代の自由主義的な教育に通じるものであり、それゆえ、エラスムスは近代的な教育学の先駆者のひとりとみなされている。彼は、とりわけ、子どもへの過酷な躾や強制を非常に嫌い、それを何度も批判している。

そうした中で、エラスムスは、古代ローマの知識人、プリニウスが厳しすぎる文法教師に対して言ったとされる「思い出しなさい。彼等（子どもたち）が若いことを、そしてあなたがかつて若かったことを」という言葉を引きながら、「レピュエレセンティア repuerescentia（児童期への回帰）」という概念を語るのである。

レピュエレセンティア（repuerescentia）は、re（再び）＋puer（子ども）＋esco（なる）という意味を一語にまとめたものである（re（再び）＋puer（子ども）＋esco（なる）という意味の repueresco という動詞の、現在分詞 repuerescens の中性複数主格・体格形である）。これは、「児童期（子ども時代）への回帰」と訳すことができる。彼によれば、教師は、「子供が嫌がるような人ではなく」、また「どのような子も受け入れることを厭わないような若々しい年代の人」が相応しい（エラスムス、1994：88）。その理由はこうである。「そして、「類は友を好む」という古い諺に従って考えますと、子供たちに愛されるためには、教師はある程度は再び子供になるべきです」（同上、87）。

ここには、教師自身が、児童期への回帰を実践しなければならないと示唆されている。それは、ちょうど子どもの身体の大きさや強さに合わせて、食べ方や歩き方や話し方を養育するように、子どもの本性である「遊び戯れ」に近づけて、知識は教えられるべきだというのである。子どもがどのようにすれば学べるのかを思い出すために、教師は再び子どもになるべきである。教師は、自分が子どもであった頃を忘れてはならない。

こうしたエラスムスの考えは、現代の児童を教育の中心に位置づける教育観に近い。であれば、児童を主体として学びを構成するという考えが、すでに浸透している現在の教育にとっては、教師が、大人が、子どもを教育するにあたって児童期への回帰を実践することなど、当たり前なのであろうか。いや、そうとは思われない。筆者は、さまざまな教育現場に足を運んだが、子どもを学びの中心に据えるといっても、どこかで大人が、現在の大人の複製を作ろうとしている。

しかし、そもそも、児童期への回帰など、実際に可能なのだろうか。児童期に回帰することがそれほど重要なことなのだろうか。子どもを理解するための、一種の心構えにすぎないのではないだろうか。こうした疑問が生じるかもしれない。

「初心忘るべからず」

児童期への回帰の意義と重要性について最もそれに敏感に気づいていたのは、いつの時代にも芸術家だったのではないだろうか。

ラファエロの描き方をたった四年で身に付けたとされる天才画家パブロ・ピカソは、次のように言っている。「わたしは子どもらしい絵を描いたことがなかった。子どものころからラファエロのような絵を描いていたからね。子どものような絵を描けるようになるまで一生かかったよ」（山路、2023: 66）。高度なテクニックで描くよりも、生のままの自分が、思うがままに自由に描くことの難しさ。子どもになること、子どもの時代の物の見方を取り戻すことは、それほど難しい。しかし、ピカソは、なぜ、子どものように描きたかったのだろうか。ピカソは、なぜ子どもの眼を求めたのだろうか。

印象派の巨匠、クロード・モネは、「自分は盲目に生まれて来ればよかった。そしてある日ふと眼をあいたとすれば、眼の前のものが何であるかに煩わされずにその純粋な印象を描くことができるのに」と述べたという（高階、1998: 23）。「盲目に生まれたかった」というのは、赤子が眼を開いて、周囲の世界を見ていく過程を自覚的に経験したかった、いや、その初めての視覚という経験を繰り返し繰り返し経験したい、そういうことではないだろうか。画風も資質も異なるけれども、モネが言いたかったことは、先のピカソのセリフと同じではないだろか。彼らは、世界に邂逅し、世界にはじめて触れることを望んだのである。

日本に目を移せば、世阿弥は、『花鏡』という著作で「初心忘るべからず」と述べたことは知られている。この言葉は、単に、習い始めの生き生きとした動機や意欲を思いだせ、という意味には尽きない。それは、稽古のさまざまな段階で、何度も何度も、最初の状態へと自分を振り返り、その状態に自分を差し戻すべきことを説いたのではないだろうか。いや、むしろ、自分を振り出しに戻すことができなければ、芸を全うしようとする強い動機や意欲を維持できないのではあるまいか。ゼロに戻すことができなければ、芸は追求できないのではないだろうか。

ピカソ、モネ、世阿弥が言いたかったことは、発展のどの地点であっても原初状態へと立ち戻り、そして別の道筋を見出すように変容し続けること、何度も自分の得たものを放棄すること、すなわち、子どもへと幾度も生まれ変わることだと解釈できるだろう。

　子ども性へ回帰することは、子どもを教育する教師だけがなすべきことなのではなく、自分が生き続けるためには、誰もが自分に対して取るべき態度なのではないだろうか。学び続けることを促すことが教育であるならば、再び子どもに帰ることこそが、教育の本質なのではないだろうか。

　二〇二三年五月二〇日に行われた日本哲学会研究大会のインターナショナルセクションでは、「哲学と子ども性：子どもの哲学の哲学へのインパクト（Philosophy and Childhood: Impacts of P4/wC on Philosophy）」というタイトルのもとでシンポジウムが行われた。筆者は、オーガナイザーと司会を担当し、リオ・デ・ジャネイロ州立大学のワルター・コーハン（Walter Omar Kohan）教授とポルトガルのアソーレス大学のマグダ・コスタ・カルヴァーリョ（Magda Costa Carvalho）教授が、ゲストとしてオンラインで登壇した。コーハン教授とカルヴァーリョ教授は、子どもの哲学の実践家であり理論家である。

　そこで、二人は、子どもであることと哲学をすることの類似性について論じた。二人によれば、子どもの哲学は、子どもとともに哲学的なテーマについて考えるという、教育活動に尽きるのでは決してない。彼女らによれば、子どもの哲学は、大人が子どもであることを学ぶことでもある。子どもであることを学ぶことが、哲学することの条件である。すなわち、哲学とは、子ども性への回帰である。哲学とは知を愛することであり、それはあらゆる学問の源泉である。知を愛することとは、すなわち、世界を愛することである。だとするならば、子どもへの回帰とは、生きるすべを知ることなのである。子どもとの対話は、まさしく、大人の中に世界を愛することを再び燃え起こしてくれる契機である。

同じく、子どもの哲学の理論家であるステファノ・オリベリオは、子どもの哲学の国際機関紙である『子ども性と哲学（Childhood and Philosophy）』に「教師の子ども性への回帰：子どもと文化における哲学的・教育学的パースペクティブ」という論考を寄せ、子どもの哲学における教師のあり方について論じる中で、エラスムスの「レピュエレセンティア」に言及している（Oliverio 2014）。

再び子どもとなること、児童期への回帰。本書の目的とは、子どもの哲学で得られたこのアイデアを、教育哲学の観点に立ちながら、教育全体へと拡大し、適用していくことである。

私たち大人はどこかで気づいている。大人になることは何かが貧しくなることであると。現在の教育は、それにうすうす気がつきながら、他にやることがないかのように、諦めたかのように、大人になって貧しくなることを助長している。そうではなく、子どもに戻り、児童期に回帰し、子どもの豊かさを維持・発展することはできないだろうか。そこにこそ、教育の真の目的があるのではないだろうか。エラスムスのレピュエレセンティアを、単なる教師への心得を超えて、教育の原則とすることができるのではないか。これが、本書での基本主張である。この観点から、教育におけるいくつかの重要な哲学的なテーマ——シティズンシップ教育、科学技術に関する態度、教育の平等、平和教育、道徳教育——を捉え直してみようというのが、本書の目的である。子ども時代における豊かさへの回帰＝人間性の発展にこそ、それらの解決が見えてくるはずである。

哲学と、再び子どもになること

これまで、哲学とは子ども性への回帰であると述べた。これはどういうことか、もう少し説明しよう。

哲学は、素朴であると同時に根本的な問いへの関心によって導かれている。「人生の意味とは何か」「真理はどうすれば得られるのか」「世界はどのような存在で構成されているのか」「言葉とは何か」といった簡素な問いが、哲学の問いである。それゆえに、哲学は、あらゆる知的探究の根幹に位置すると言われる。哲学は、それらの問いを問うことによって、習慣的な思考を掘り崩し、その前提を問い直していく思考活動である。

であるとするならば、哲学の反対のものとは、技術であろう。技術化とは、誰かが発見した問題解決のあり方が、慣習や習慣として生活に組み込まれ、行動や思考の型となっていくことである。技術として成立した時点で試行錯誤の探究は終わり、多くの人が共有できる制度となって定着する。そうして有用な技術が、後世に知識として伝えられていく。

技術的な態度は、それが達成しようとしている目的や価値そのものは疑わず、その目的にうまく到達するために、方法をさらに精緻化し、様式化しようとする。受験テクニックなるものは、現在の入試制度という目的を疑わず、大学で学ぶことの価値を自明のものとする。技術とは、後戻りしない自己練磨の道となることが多い。そうして、世界を容易に操作する方法として、技術は伝達される。それはしばしば生きる上で有益であり、不可欠のものである。

哲学は、技術とは逆のことを行う。すなわち、素朴で根本的な視点から、既存の知識や技術が寄って立つ目的や価値を明らかにし、それが人間にとっての究極の目的や価値に奉仕しているかどうかを問い直す。哲学とは常識を疑うことである。そうであれば、哲学とは、技術化とは反対に、知を素朴化し、無定形化し、初期化するものだと言えるだろう。よって、哲学は、それそのものが児童期への回帰なのである。

現在の教育は、まさに技術、あるいは、技術化した知識を子どもに施し、世界も、子どもの人生も、技術によって運営されるべきものとしている。

前述のシンポジウムのテーマは、まさしくそうした教育観の問い直しであった。エラスムスが述べた「再び子どもになる」とは、自分自身を子どもに同一化することではない。そうではなく、子どもであることの意味を思い出し、子どもが出会う技術や知識を、子どもの本質である遊びや戯れの観点から、根本的に問い直すことである。再び子どもになる教育は、歴史の中で自己練磨され続けてきた技術や知識が、実は、もともとは遊びや戯れであった活動が硬化してしまったものであることを晒す。そして、遊びや戯れのもつ生命力によって、世界と人生とを賦活させようとするのである。

本書で筆者は、再び子どもになることが、逆説的に、教育において最も重要であり、まさしくそれこそが教育そのものであるという一見すると逆説的な主張を展開したい。子どもが再び子どもになるとは、冷水を冷やすのように同語反復に思えるかもしれない。

だが、そうではない。子どもの中の子ども性を維持し、それを発展させることが子どもへの教育であること、そして、教育が子どもばかりではなく成人をも対象とする限り、成人が再び子どもになることが教育のあり方なのだということ。これが、本書で主張したいことである。そして、教育する側である教師においてもまた、教えることが再び子どもになる、ということによって成り立つのである。

本書の展開

児童期への回帰という、一見すると逆説的で、非現実的に思われる教育理念を論じるにあたって、関連して教育において改めて考え直すべきテーマがいくつか存在する。

これまで述べてきたように、第一に考察すべきは、教育における対話の根源的な重要性である。真理の探究を目指した対話は、人を一人の生身の人間へと差し戻す。対話は、本書の最も重視する人間の活動であり、教育の方法であり、再び子どもになるための重要な手段である。

第二に、教育における時間のあり方を見直すことである。現在の教育が、児童期の素晴らしさを維持・発展できないでいるのは、その時間管理という発想にあるように思われる。現在の教育現場では、一定の目的に到着するための、直線的で計測可能なクロノス的時間があまりに重視されている。つまりスケジュールの支配である。これに対して、教育において重視すべきは、質的な変容をもたらすカイロス的時間（あるいは、瞬間）と、永遠の生命であるアイオーンである。現代社会では、時間概念をより豊かなものにする必要性がある。

第三に、カイロス的瞬間を到来させ、子どもへの回帰をもたらす、教育的なタクトへの注目である。タクトとは、機を見るに敏な、即応的・即興的な対応力である。子どもの成長は、その変容のための瞬間を逃さずに関わることによって、跳躍的に促進される。カリキュラムや教育制度は、むしろ、このタクトを引き出すための背景として有効でなければならない。

本書は、これまで述べてきたように、児童期への回帰を教育の原則とみなす立場をとりながら、それに関連した対話、時間、タクトという三つのサブ・テーマについて、哲学的な議論を展開していく教育哲学の著作である。

第I部では、「子どもであるとはどういうことか」「子ども性とは何か」という問いを軸に、形而上学的なテーマについて議論を展開する。子ども性を特徴づける遊戯、それからアイオーン的時間、そして、対話と真理の関係について論じる。そして、教育とは、子ども性としての世界との出会い、遊戯＝創造、多型的反復としてのリズムを維持し、発展させることが目的であると結論したい。多型的反復としてのリズムこそが、児童期への回帰の意味するところなのである。

第II部では、現代の社会状況のなかで、政治哲学的な観点から教育を考察していく。科学技術と民主主義との関係、教育における平等の意味、平和構築としての教育、対話における教育的タクトの役割について論じ、最後に道徳教育のあるべき方向性を提案する。第Ⅱ部で重視されるのは、何よりも、誰もが一人の子ども（人間）へと帰っていく、対話という活動の教育的意義である。

本書は、大きく深い意味で教育の改革を目指している。いまだ抽象的である本書の主張と議論から、教育に携わるあらゆる人、その政策や行政に携わる人たち、教育者、学生、そして子どもたちに、これまでの教育観と子ども観をくつがえすための何かのヒントや示唆を得ていただけるなら、本書の目的は達成されたと言えるだろう。

第Ⅰ部　子ども性と教育

第一章　教育とコミュニケーション

人間のコミュニケーション

本章では、なぜ対話が子ども性に戻るために重要な契機であるのか、あるいは、別の表現をするならば、なぜ教育を対話という枠組みで捉えるべきなのか、まずこれについて考えてみよう。

教育はしばしば、知識や技術の伝達として考えられている。過去から蓄積された人間の経験や技術を伝えることは、人間にとってきわめて重要な、それこそが人間である証しであるかのように考えられている。しかし、教育において伝達すべき内容については多くの議論がなされる一方で、教育がそもそも伝達という行為であり、言葉を変えれば、コミュニケーションであることは、どこかで忘れられがちではないだろうか。教育がコミュニケーションの一種であるという認識に立って、教育を捉え直してみよう。

人間は自然に成長する。人間も、他の動物が成長するように、成熟して成長が止まり、老化し、最後に死を迎える。人間は環境に対して働きかけ、そこから自然な形で環境と自己の能力について学んでいく。個体は、ひとつの経験から汎化できるパターンを見つけては、経験知を蓄えていく。これが学習の過程であり、動物はその生活のほとんどを自らの経験知に従って生きていく。では、なぜ、人間は、他の動物たちとは異なり、個々の個体の自発的な学習に任せずに、教育を行おうとするのであろうか。

ここで少し留保するならば、他の動物が教育を行うかどうかに関しては議論があるところであろう。動物たちは、自分の家族や仲間たちに一定の情報を与えることがある。たとえば、集団生活をする昆虫は、餌の在処や敵の襲来を教え合う。鳥は鳴き声で仲間に何かを伝え合っている。哺乳類は多くの場合に子育てを行うが、その際に親が狩りの仕方や敵からの隠れ方、巣の見つけ方などの生活の仕方を子に教えることがある。

このように考えると、動物におけるコミュニケーションは、対象（餌、敵、仲間や巣の状態など）についての情報を伝えるものである。とするならば、子育てにおいては、対象そのものについての情報だけではなく、その対象への関わり方、いわば一種の技能を伝えていると言えるだろう。伝えられる子の立場からすれば、教育を受けるということは、親や集団の大人の行動を模倣することに他ならない。

しかし子どもにとっての問題は、親のどの行動を模倣すればよいかがわからない場合である。どの行動が、どのような役に立つのか、どのような効果を持つのか、子どもにはまだわからない時がある。そこで、模倣すべき行動を、親は子に示すのである。動物においても、親から子へ、ある個体から別の個体へと技能や情報の伝達が豊かに行われている。ここに教育の原型がある。教育とは、ある個体（たち）が別の個体（たち）に対して、優れた行動を模倣するように提示することである。

こうして、教育は、モデル行動についてのコミュニケーションである。コミュニケーションは、その語源からして、何かを「共有する」という意味がある。情報を共有するのがコミュニケーションだとしても、それが伝達された、移譲されたと確認できるのは、相手の行動が変容した時である。事実を伝えるコミュニケーションも、送り手がその情報を送ることによって、受け手が行動の変容をもたらすことを期待している点においては、教育と共通している。

コミュニケーションは行為である。行為には意図が存在する。行為は、自分の意図通りに、対象の振る舞いを、相手の行動を、制御しようとする。しかし、この点については、コミュニケーションは独特の行為である。それは、相手とのやり取りの中でどのような内容の情報がやり取りされるかが、あらかじめ確定されておらず、しばしば予測さえもできないからである。その意味で、コミュニケーションにおいては、私たちは新しい情報に開かれていて、自分の行動も相手とやり取りされる情報によって変容する可能性がある。それは、自己と他者の相互変容を許容する行為である。

コミュニケーションとは、どのような結果が現れるのか、どのような帰結が得られるのか、まだわからないままに行われる行為である。それゆえに、コミュニケーションは、認識という行為と非常に親近性がある。認識も、認識される内容によって、自分の信念や行動が変容する開かれた行為だからである。本来、コミュニケーションは、他者の信念や行動の変容とともに、自己の信念や行動の変容を意図した相互変容的な行為である。もし教育がコミュニケーションであるとすれば、それは教える側も教えられる側も変容することを含意しているはずである。

教育というコミュニケーション

教育がコミュニケーションの一種であるとすると、それはどのようなコミュニケーションなのだろうか。コミュニケーションは、通常、発信者と受信者がいて、それが交代することによって成り立っている。

いわゆる「一方的」といわれるタイプの授業（チョーク・アンド・トーク）では、発信者としての教員が多くを発信し、生徒が受信者となる。生徒が発信する場面もあるが、教員の問いに解答するように求められており、教員は自分の伝達した内容に対する返答が自分の想定通りであることを期待する。

このコミュニケーションは、教師の意図と想定の中に閉じており、生徒の側からは基本的に教師に問いかけることはない。問いかけがあったとしても、その範囲は教師の想定の範囲にとどまることが求められている。教師が伝達すべき内容に権威を認め、その権威を帯びた情報を受容し、せいぜい特定の場面で運用することだけを生徒に求める。そうした授業では、教師が伝達したい内容を超えた新しさ、創造性、創発性など生じない。

生徒に対して、ある情報に基づいた行動をしたり（例えば、実験や観察）、知識とされることの運用（計算問題）を求めたりすることがあるが、それらの適用や運用も一定の範囲を超えることはない。したがって、こうした（適用・運用という）技能の伝達においても、新しさや創造性、創発性が発揮されることはない。

こうなると、学校でのコミュニケーションは、すべて既知の知識の伝達になる。その意味で反復的である。では、伝達の受け手である生徒の側にとってはどうであろうか。社会や学問の中では既知の情報であっても、生徒にとっては新しい情報である場合もある。しかし他方で、学校での情報は、生徒の関心にかならずしも対応はしていない。生徒の関心に応じて情報が与えられるわけではない。したがって、その情報を運用しようとする動機が子どもには生じない。

教育は、行為であるがゆえに意図をもっている。教育では、若い人たちが、特定の情報や技術を獲得することを求める。教育の目的は、ルールや秩序によって制御された既知の世界に子どもを引き込むことである。大人は、若い人に成功例を教え、それに倣えば、容易に意図を実現できると教える。何もかもが未知の世界では、人は何かを意図することなどできない。人が何かを意図することができるのは、既存の成功例が存在するからである。世界をルールと秩序で制御し、予測可能なものに整序することによって、はじめて人は何かを意図することができる。意図は自然の中で生まれるのではなく、本当は、人工的なセッティングの上に築かれている。そして教育は、社会のルールと秩序を、誰もが知っておくべき情報だといって子どもに教える。

全く新しい世界に入ったとき、人は意図をもつことなどできない。得た情報で何かを意図できるとすれば、それは、既存の意図を反復するからである。情報を伝えることは、その情報を利用する諸行為を、それを利用する生活を、再現してもらうためになされるのである。

既存の情報の伝達としての教育は、南米で活躍して世界的に影響を及ぼした教育哲学者であるパウロ・フレイレ（Paulo Freire）が、「銀行型教育」という名称を与えて、批判したものである（フレイレ、2011）。銀行型教育とは、学習者を金庫に例え、教師が一方的に知識を与えて、それを子どもが蓄えていくという形の教育のことである。学習者は既存の知識を受け入れるだけの存在となる。

銀行型教育は、社会的に優位な立場の人をより有利にさせ、社会基層を固定させる効果を持つ。というのは、一定の既存の情報を、ただ一律に誰もが獲得すべきものとして教育するならば、その情報を得た人々と同じタイプの生活をする人々（の子ども）の方が、その情報を獲得しやすく、容易に運用できるからである。それゆえ、情報伝達型の教育は、社会を同じままに維持し、これまでに有利だった層の人々の特権を保全してしまう。既存の情報をただ身につけさせるだけの教育は、社会を保守的にして、格差を広げる効果を持つ。

教育格差を生じさせてしまうのは、教育において情報を伝えようとするからである。その伝えようとする内容が、教育格差を広げてしまう。教育格差を生んでいる原因は、当の教育そのものである。

これに対して、私たちがはじめて出会う世界では、まず自分で目を見開き、耳を澄ませ、いろいろと注意をむけて、関心も持ち、対象に触れ、それがどのような動きをするのかを試すことしかできない。はじめて邂逅する世界では、何かをしようなどと意図を持つことなどできない。何かを意図しようにも、いまだに世界がどのような場所で、どのようなモノがどのように動くのかがわからないから何も操作できないのである。はじめての世界では、試すこと、あるいは、遊ぶことしかできない。それが、知るという行為である。

コミュニケーションとは、他者との出会いである。とするならば、今述べた世界との出会いのように、他者に対して何かを意図することなどできないはずである。

コミュニケーションにおいて何か相手をコントロールしようとする意図をもつことは、その人が他者と出会っていない、出会おうとしていないということではないだろうか。情報を伝達することにかまけている教師は、人間が権威を前にして同じ反応をしてしまうことを利用している。そうして、権威に寄り添い、権威の側にとどまり、子どもという他者に出会うことを避けてしまう。私たちは、どうすれば、教育がコミュニケーションとなるのかを考えなければならない。コミュニケーションは、双方向的で、新しく、創造的で、創発的で、他者に出会う試みのはずである。

生態学的情報理論

ここで、アメリカの知覚心理学者、ジェームズ・J・ギブソン（James Jerome Gibson, 1904-1979）の情報理論を取り上げて、再度、コミュニケーションについて考えてみることにしよう。ギブソンは、生態学の考え方を心理学に導入し、エコロジカル・アプローチという新しい心理学の方法論を作り出したことで知られている。人間の心理は、脳内にあるものではなく、身体と環境との循環的なやり取りの中にこそ実現されているというのが、ギブソンの考えである。人間のあらゆる行動は、それを実現可能にする環境（ニッチ）を必要としている。

常識的な考え方では、情報は、発信者から受信者に移っていくものだと考えられている。知覚であれば、物から発せられた情報が、光なり音なりといったメディアを媒介として人間の感覚器官、目や耳に到達し、神経経路を伝って脳内に入ることだと考えられている。そうして移動してきた情報は、脳内でストックされ、知識となると想定される。ギブソンは、この常識をひっくり返す情報理論を提示した。彼の考え方はコミュニケーション理論にとっても重要な意味をもっている。

ギブソンによれば、情報は行動を変容させる。生物は、必要な情報を探索し、ある行動に失敗すると、それに代替する行動によって目的に到達しようとする。行動を導くのは、それに必要な、これまでとは別の情報である。ここまでは、多くの人が納得するだろう。

だが、ここで、ギブソンは、一般に広まっている考え方とは非常に異なる、独特の情報の概念を提示する。すなわち、ギブソンによれば、情報とは、意味作用としての働きを持つ実在そのもののことだというのである。これは分かりにくい表現であるので、言い換えよう。ギブソンによれば、情報は、環境中に対象が存在するその場所にこそ、存在しているのである。情報は伝わったり、動き回ったり、送られたりしない。たとえば、目の前にある自動車についての情報は、その自動車のところにある。ある人物についての情報は、その人がいるところに存在する。先に述べたように、通常、情報は、刺激のように眼球や皮膚から神経を伝わって頭の中に入ってくると想定されている。しかしギブソンの主張では、情報は、それが存在している場所から動かないというのである。

> 感覚的信号や運動指令といった考えは、すべて誤りである。脳は、メッセージを受信することもなければ、命令を出すこともない（Gibson, 1973: 397）。
>
> わたしたちそれぞれを取り囲んでいる、工学的・力学的・化学的エネルギーの海にある情報はつたえられない。ただそこに存在するだけである（Gibson, 1985: 257）。

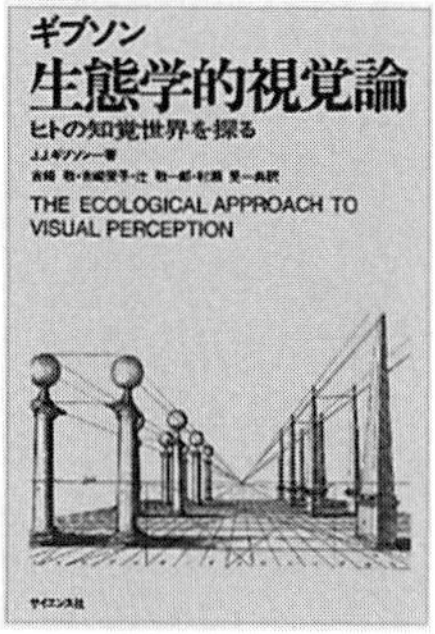

J・J・ギブソンと『生態学的視覚論』

情報は、ただそこに存在する。情報が情報であるのは、それが何か別のものを指し示しているからである。人間の言葉が何かの情報であるのは、その肉声、例えば、「火事だ！」という音声が、記号として現実の炎を指しているからである。何かが、別の何かを指し示している働きは意味作用、あるいは記号作用と呼ばれる。言葉は、音声であれ、書字であれ、意味作用を有している。しかしギブソンによれば、いま存在している現実そのものが意味作用を持っているという。どういうことだろうか。それは、現在の現実は、未来の現実のあり方を差し示しているという点で、意味作用を持っているというのである。現実は、現在の実在であると同時に、未来への記号であり、情報なのである。現在の現実は、変化を先取りしている切先なのだ。

現実の環境は情報の海である。それは、環境が変化を起こしつつある生成の過程であり、どの現実もその過程の一断面に他ならないからである。情報とは、脳内に外界の事物のレプリカや似像をもたらすものなどではない。それは、動物に、変化する環境の時間的・空間的な行き先に注意を向けさせる記号である。情報とは、未来への意味作用のことである。

世界とは、現在に留まり、そこで停止している存在ではなく、己の潜在性を未来において実現していく活動である。そこには、その生成と同じ数だけの情報がある。環境がある温度をしているのであれば、その温度が生物の身体にどのような変化を及ぼすかの初期状態を示している。

生物は、生きるために情報を必要としている。情報を得るとは、何かの記号が頭に入ってくることではない。それは、意味作用を持った現実、すなわち、変化の先端に注意を向けることであり、そこに焦点を合わせて、次に来る変化に備えることである。

知覚者である動物は、自分自身の探索活動によって情報のある部分に注意を向けていく。情報の獲得とは、環境のある部分を弁別し、焦点化すべき対象を特定する行為である。したがって、知覚とは根本的には、注意することであり、世界に気づくことである。ギブソンは言う。「わたしが主張しているように、知覚が本質的に注意であり、想像や幻覚や夢と混同されてはならないなら、知覚者は、知覚行為に何かをつけたすということはない。知覚者は、端的に知覚という行為をおこなうのである」(Gibson, 1970: 76)。

私たちの知覚は、環境を直接に捉えるものだとは言え、いまだに十分な情報を得ることができず、最初は漠然としたままであることもある。それぞれの状況を具体的に分別して知覚する前に、「ここには、何か、重要なものがある」、「何か、有益なこと(有害なこと)がある」という漠然たる予感のようなものを感じることがある。何かの重要な出来事が生じるような雰囲気を感じ、そこに注意を払い、その場に身を投じ、身構え始めようとする瞬間がある。

このような環境は、いまだ充たされざる意味に満ちており、その知覚が、その後の知覚と活動を先導していく。たとえば、子どもたちは発話や文章の意味がはっきりとわかる前から、そこに言語的なコミュニケーションの場があり、意味の源泉があることを感じる。それは知る前に知ることであり、この状態があるからこそ、全くの無知と明確な理解のあいだに橋が渡される。

情報の取得とは、未来を予期的に知覚することである。環境の情報には、時間的に幅のある出来事、すなわち、これからどうなっていくかが含まれている。生物は環境の未来を必要としており、自己の行動で未来の状況に変化をもたらそうとしている。自己の行動に関連した未だ来らぬ環境こそが、現在の情報から得られるものであり、情報の確実性とは未来の確実性のことである。

教育と情報、コミュニケーション

それでは、以上の論点に立って考えるならば、情報についてコミュニケーションするとはどのようなことになるのだろうか。教育すべきは、環境をこれまでとは異なった仕方、あたらしい仕方で知覚することであり、いわば、認識を変更させることである。

コミュニケーションとは、コミュニケーションする者たちが、共同で注目すべき事象に注目し、それに対して向かい合い、相互に行動を変容しつつ、その事象に取り組むことである。それは、言うならば、それは、何かを探究する過程であり、何かをテーマとして話し合う対話のあり方がその範例なのである。私たちは、共通のテーマで対話して、お互いに考え方を改めていく。コミュニケーションは、共通のテーマに対して、それぞれの発話者が発言し、他の者がそれを聞きながら、自分の考えを変更させていくという対話的な探究の形をしている。

コミュニケーションには、探究的な過程が含まれている。従来の教育は、一見して、コミュニケーションの形をしていながら、実際に行われているのは、教育者による被教育者の操作ではなかったか。それでは、教育者の意図を越え出る真理の探究が生じない。このような伝達の形では、子どもから探究と対話の仕方を発展させる機会を奪ってしまう。

教育におけるコミュニケーションは、教員の意図の中に閉じてはならない。教育は、教室の教育内容に中に、教科書の内容に閉じてはならない。教育を付与する側の意図に閉じてはならない。今、教育において、社会において、求められているのは、自分と社会を相互に開くためのコミュニケーションであり、情報はそのためのメディアである。

開くコミュニケーションとは、相互に変身し続けることで、相互に自律的に活動し、自分自身であり続ける対話的な行為である。人は変容することで、自分自身であり続けられる。それは共同体を作ると同時に、自律的な自己を生み出していく過程である。それは、対話者とそれを取り囲む環境の関係性の組み直しと言えるだろう。コミュニケーションとは、自分と他人をつなげると同時に、自分と他人が異なっていることの価値を知る行為である。

情報は、ただそこに存在する。現在の現実そのものが、実在であると同時に情報である。このエコロジカル・アプローチの考え方は、他者関係や他者理解において最も重要な意味を持つ。哲学では、しばしば、他者は理解できないものであるかのように論じられる。その考えの根底には、他者の心理内容のコピーを自分の内部に転写できないという考え方が巣食っている。他人の考えや感じ方を、何かの導線を通して自分の中に引き込むことなどできない、だから他者は理解できないというのである。ここでは、「理解」とか、「わかる」とかいうことは、外界のコピーを自分の内部に形成することだと考えられている。これが「表象主義」と呼ばれる立場である。しかし、エコロジカル・アプローチによれば、表象主義は完全な誤りである。他者を理解するとは、他者の内面のカーボンコピーを自分の中に作成することなどでは、ありえない。いや、そもそも他者は理解するべきものなどではない。

第一に、表象主義の考えは、他者の身体そのものが、すでに濃密な自己表現として存在していることを忘れている。人間の身体は、本人が知らないうちに、本人も気がついていない自己についての情報を、その身体の形で、その大きさで、その動きで、その音で、その重さで、その熱で、その匂いで、その肌触りで、あらゆる表情で、すべての動作で、息づかいの変化で、あらゆる身体の特性で表現している。身体は、人間のその人の心理状態、思考、感情などと呼ばれるものたちを不断に周囲に撒き散らし、その人の来歴や記憶までもが見抜けるほどに濃厚に漂わせ、過去を背中に長く引きずって、私たちの前に現れているのである。

ある意味で、その人の身体の自己表現のあまりの濃厚さに、おもわず後退りしてしまうほどである。人が「心理」と呼んでいるものは、その身体のあり方のなかで、本人が気が付いているほんの一部をざっくりとした抽象的な言葉で表現したもの以上ではない。以下のイギリスの著述家であり哲学者であるオルダス・ハスクリーが自然に関して述べた言葉たちは、人間の身体的存在にこそ当てはまるだろう。

プラトンは〈存在〉と〈生成〉を区別し〈存在〉を〈イデア〉という数学的抽象物と同一視するという、法外な、グロテスクな間違いを犯したようであるが。可哀想にプラトンは、内なる光に意味を充填されてその重みにうち震えている一束の花を見たことがなかったに違いない。薔薇や菖蒲やカーネーションがこれほど激しく意味しようとしていたものは、あるがままの花の存在そのもので、それ以上でもそれ以下でもないことなど、気づいたためしがなかったに違いない——それは、無常でありながら永遠の生命であるような無常、絶えざる消滅でありながら同時に純粋な〈存在〉であるような消滅、微小な、個々別々のものの特殊な集まりでありながら何を言うにいわれぬ、だがまた自明でもある逆説によって全存在の聖なる源泉を見ることができるものとしての個物の束なのである（ハスクリー、1995: 19)。

この引用が示しているのは、私たちの現前にある存在が、いかに豊かにその存在そのものを感性の次元で表現しているかであり、それに気が付かない人たちこそが、物たちを抽象化してみせて、その貧弱になった形や背後の影のようなものに真実在を見つけようとしているかである。人間の身体が生成であるとすれば、人間の心理なるものは、ここでいうイデアのようなものではないだろうか。人間の心理なるものが、身体の背後にあるその人物の本質であったり、その動作の真の動力であったりすると考えること、すなわち、身体よりも心理に目を向けるのは、本末転倒である。

第二に、わかるということは、後に述べる、所有する態度の反映であり、わかろうとするのは、他者を所有しようとしているのである。そうではなく、他者は、そこに生成しながら存在する、私の前に生きているのである。

他者がどのような存在であるかについての答えは、自分の中にあるはずがない。それは、まさしく他者においてあり、私の目の前に居て、そこに存在している。他者はそこに存在して、変容し続けており、それこそが、その他者についての情報なのである。テストの正解表がそこに存在しているのに、その中身を推理する必要などあるだろうか。その正解表を見ればいいのである。他者を自分内部に所有しようとする企ては、他者がそこに居続ける、他者がそこに生きているということを本質的に無視しようとしている。他者の存在そのものが、その人の自己表現であること忘れ、他者の存在を目の前から除こうとしているのでないだろうか。

他者についての情報は、他者のもとにあり、他者が現在から未来へと動きつつあるその姿に宿っている。コミュニケーションとは、その他者の動きに応じることである。他者がそこにいて、自分とともにそこに存在しているのであれば、他者をわかる必要など、どこにあるのだろうか。たとえば、障害者のことがわからないと人がいうときには、その場にその人たちを居させようとしていないではないだろうか。若者の気持ちがわからないと人がいうときには、若者に語らしめていない、一緒に居ようとしていない。コミュニケーションとは、他者をして、自らを語らしめ、動きたらしめることである。その語りと動きに、私が参与していくことである。それは、一緒にダンスをすることや、合奏すること、スポーツをすることに近い。

他者は根源的には不可知な存在なのだ、と言う人は、暗に、他者を自分から締め出している。一緒に居続けることを拒否している。そうした態度は、コミュニケーションできない人は存在している価値がないと言って、障害者を大量に殺傷したあの人物の考え方につながっていくのではないだろうか。エコロジカル・アプローチの情報論に立てば、そのような考えは根本的に転倒した誤った考え方なのである。存在はあることで、すでに情報である。存在は変容し続けているからである。他者も共に存在することで、すでに語り始めている。その語りを継続してもらえばいいのである。

真の教育は、他者とコミュニケーションしようとする。真の教育は、他者を分かろうとするのではなく、他者に居合わせようとする、あるいは、他者と共にあろうとする。子どもであることは、世界とコミュニケーションすることであり、世界の情報にアクセスすること、すなわち、世界を知ろうとすることであり、それは、まさしく世界とともにあることに他ならない。知ろうとすることは、自分が世界を所有したかのように信じることではなく、世界と対話し、世界に語らしめようとすることなのである。

第二章　子どもとはいかなる存在か

子どもの特性

本書では、「レピュエレセンティア」、すなわち児童期への回帰という概念を、教育の理念として提案する。エラスムスによれば、子どもを教育するには子どもに愛される必要があり、子どもに愛されるためには、教師は再び子どもになるべきだというのである。

しかし、子どもになることが教育に必要であるならば、大人が自分自身を教育するときにも、自分の内なる子どもに愛され、子どもになる必要があるはずである。子どもが自らを教育するためにも、子どもは子ども性を維持させて、その上に立って成長しなければならないはずである。すなわち、教育するために子どもになる必要があるなら、自分を教育するためにも、自分を成長させるためにも、絶えず子ども性を維持しなければならないはずである。この考えを展開しようとするのが本論である。では、子ども性、すなわち、子どもであることとはどのようなことであるだろう。

現代の教育は、生涯にわたって自己教育するものと考えられている。社会教育は大人から子どもまであらゆる人を対象とした学校や家庭以外での教育活動であるし、生涯教育は、人間は一生に学び続ける権利があり、また自己の成長のためにそうするべきものだという考えに立っている。この理念に異論はないが、どこの社会であっても、まず教育は子どもを対象としてきた。教育は、子どもと大人の教師の関係をモデルとしていることは現在でも変わりがない。

現代社会では、ある程度成長して、少年期・青年期となり、ほぼ大人と同じ行動が取れるようになっても、いまだに子どもとして扱われているが、ここで論じたいのは、そうした制度上の子どもではない。子どもとは、本書では以下の特徴を持つ人々のことである。

子どもとは、幼い個体のことであり、その特徴は、世界の中に生まれて間もないということである。幼児は庇護されなければ生存できない。とはいえ、現代社会では、子どもは自分で生存できようになってからも庇護されるべき存在として、生存を維持する活動からは一定の距離をとった状態におかれる。

子どもは、社会生活ということに関しては、社会を維持する活動にまだ関与していない状態にある。子どもは、社会的な役割を付与されていない準備期間にあるとされる。別の言い方をするならば、子どもは庇護されるべき対象（人間）という、社会的役割を担わされている。それは社会の構成者でもなく、生産者でもなく、社会を作る側とみなされていない。社会の諸機能の目的、あるいは価値として、社会の外側に置かれているのである。

子どもであること、つまり、子ども性とは、人生が始まったばかりであることであり、一般には、子どもには次のような特徴が認められているであろう。

・可能性
・遊戯
・エネルギー
・新しさ、新鮮さ
・創造性
・経験の少なさと無知
・社会的未熟さ

右の五つはポジティブな特徴として、左の二つがネガティブな特徴として挙げられている。

社会の外側に置かれた存在としての子どもが、近代の学校制度の産物であることは、アリエスの『〈子供〉の誕生』(アリエス、1980)が示す通りである。アリエスによれば、かつて子どもは「小さな大人」として認知され、家族の範囲を超えて、共同体に属していた。共同体は多様性にみちた場であり、ともに遊び、働き、学ぶ環境であった。だが近代になると、児童労働は子どもから知的成長を奪うものとして非難されるようになり、徒弟修業は学校での修学へと変化した。近代社会は、子どもを学校に送るようになり、大人とは異なる配慮を与えるとともに、一般の社会からは隔離するようになった。この隔離によって、社会は大人のためだけのものとなる。

近代以降の社会では、子どもは学校の中に閉じ込められ、修学の期間には、社会の構成員になるための何かを学ぶことが期待されている。学校教育はそのためのものだとされている。教育の目的は、しばしば、第一に、教育によって子どもが何かができるようになり、その子どもの可能性を広げるものであるとされる。そして、第二に、子どもを社会の一員として成長させる、いわば社会化するというものである。

この二つの目的には、それぞれ想定されている子ども像が見て取れる。第一の目的では、子どもが何もできないものとしてみなされている。

確かに、ヒトは生理的早産によって生まれると言われるように、乳幼児期では、一人で生きるにはあまりに頼りない生活能力しかない。しかし、ヒトの性能として、子どもには確かな学習能力が備わっており、一定の成長を経た子どものほとんどは、もはや何もできない存在ではない。小学生高学年になると多くの場合、できることはほとんど大人と変わらなくなる。実際に、かつての社会では、そのくらいの年齢で、社会に参加させ、労働させていた。とするならば、子どもを無能力の状態に置いているのは、社会において使用される能力を子どもがいまだに獲得できていないと判断する、大人の方である。あるいは、そうした無能力へと子どもを閉じ込める社会の方である。

第二の目的では、子どもは社会化されるべき未熟な存在として扱われ、社会性を植え付けるべきものとされている。それは、社会の規律や規範に従うように躾けることである。このことは社会の秩序の維持に必要なことだとされている。しかし、子どもは、人間は、独自に人間関係を作る力を持っているとするなら、なぜ、それ以上の秩序を学ばせる必要があるのだろうか。それは、現在の社会の秩序を継続させるためである。これに馴染んだ大人が、新しく入ってくる人たちにこの既存の秩序を尊重するように求めるのである。ここには、現在の大人が、自分と自分が生きている社会が同じままであってほしいという同一性への希求がある。

プラトン的子ども観

だが、この二つの目的は、子どもを侮り、己に慢心した考え方ではないだろうか。現代の子どもの哲学の第一人者、ワルター・コーハンは、プラトンの対話編から、プラトンにおけるさまざまな子ども時代の概念を引き出している（Kohan, 2003）。コーハンの分析では、プラトンには現代につながる子ども性への軽視が見いだせる。

以下、彼の解釈に沿ってプラトンの子ども観を見てみることにしよう。

（a）可能性として（子どもは将来何にでもなれる）

（b）劣等性として（子どもは女性、外国人、奴隷と同様、成人男性よりも劣っている）
（c）不必要性、排除された存在として（子ども時代はポリスには必要ない）
（d）政治学の主題として（ユートピアは子どもの教育によって築かれる）

プラトンはこの四つの主な特徴を子どもに見出している。専門家の観点からプラトンの解釈としてこれが妥当かどうかは、本書の主題ではない。注目すべきは、これらの特徴が、現代の子ども観に部分的に共通していることである。

現代の子ども観は、プラトンの（a）と（b）については述べることがあるが（女性や外国人を差別的に扱わないとしても）、（c）と（d）については触れずにきたと言えよう。（d）については、後で述べることにしよう。まず取り上げたい特徴は、（c）「不必要性」である。これは、子どもは、政治社会のなかに収まりきれない存在であり、それゆえに、人間社会を逸脱していることを意味している。プラトンは、このことを子どものネガティブな特徴として捉えた。

それゆえに、子どもたちの遊びは厳しく規制され、早い時期から法律に対する従順性と愛着を持つように仕向けられる。音楽と体操も同様に厳格な基準や規範に従って行われ、ポリス（都市国家）の創設者によって確立された秩序に反しては、いかなる革新も導入しないように注意される。

この図式の中には、まだ私たちの時代にも生き続けている古典的な教育観に見られる二つの基本的特徴を認められるだろう。一つには、子どものなかに未熟な状態、あるいは、潜在的な状態で存在している能力を発達させるために教育を行うこと。二つには、子どもを、既存の社会秩序に適合させるための社会化のための教育を行うことである。

後者の教育は社会秩序を維持するためのものとして理解される。子どもをどのような形に成長させるか、どのような型に当てはめていくかは、権威ある人たち、すなわち、教育者、哲学者、政治家、立法者が決めることになる。教育とは、優れた人物を模倣することである。プラトンの場合、あるべき姿は究極的にはイデアと呼ばれる理想的なあり方に準拠していなければならず、そのイデアとは、あらかじめ定まった模範であり規範である。

以上の古典的な文脈において、子どもたちへの教育が重視されるのは、彼らが将来、ポリスを統治する大人になるからである。国家の運営者である現在の大人は、自分たちにとってベストだと思う状態、自分たちが成し得なかったが子どもには成し遂げてほしい状態をもとにして、子どもを教育しようとする。そのために、大人たちは、できるだけ早い時期から子どもを教育しようとする。その方が教育する側にとってやりやすいからである。

こうして、古典的な教育は、子どもたちを古い世界に適合させようとする。大人たちは、未来の新しい世界において、自分たちの秩序を完成することを望んでいる。しかし、子どもにとっては、それは古い世界に入ること以外のことではない。それは、過去を未来に実現しようとすることだからである。教育は、こうして大人の意思を子どもによって実現しようとする、きわめて政治的な色合いの強い舞台となる。新しき者の意思とは無関係に、古き者は、自分たちの政治の論理に基づいた教育を新しき者に与えようとする。古典的教育では、子どもは政治に奉仕するために教育される。どのような政治思想に基づいてであれ、子どもを現在の政治に奉仕させようとする。

子どもの二つの神的特徴

こうしてプラトンの教育においては、子どもの可能性は、現在の政治において求められているものを実現させる可能性へと限定されてしまう。それは簡単に言えば、大人が自分に求めて得られなかったものを実現する可能性であり、新しい者を古い目的に奉仕させようとすることである。これは、子どもの真の潜在性を見失ってしまった考え方ではないだろうか。潜在性は、後に述べるように、可能性には収斂されない世界の多型性に由来している。

筆者には、プラトンは、子どもの重大な性質を見落としているように思われる。それは、子どもの神的な性質である。同様に、古典的な子ども観も、以下の重大な二つの点を見逃している。その二つの性質は、いずれも神的である。

ひとつは、子どもは、世界の破壊者である。子どもが、現在の大人の文明を継承することを一斉に拒否したならば、世界中のあらゆる文明のあらゆる側面はその瞬間に停止し、現在の大人の死とともに消滅する。その破壊力は、いなかる兵器の威力も超えているだろう。エピグラフで引用したように、ＳＦ小説家、アーサー・クラークは、傑作『幼年期の終わり』（クラーク、1979）の中で、子どもたちが全く新しい存在となり、大人の世界を継承しない新世界を描いている。大人の文明は、子どもの旅立ちとともに消滅するのである。

子どもは生き延びることによって、大人たちの死を見守る。死を間近にした人々を、子どもは簡単に突き放す権能をもっている。子どもが世界の破壊者であるのは、子どもが時間そのものを象徴しているからである。もちろん、人間は神ではない。ここでの「世界」とは、人間界のことである。

筆者が以前にファッションについて論じたことが、子どもにも当てはまる（河野、2014：第1章）。ファッションは、新しさの追求である。それは、新しさを生み出すことで、現在のものを過去のものたらしめ、何かに終焉をもたらす。つい先ほどまで流行していたものがまたたくまに古びたものへと追い落とされる。ファッションは死と終末を予感させる。それは、変化のための変化を志向することによって、不変不朽の価値や目的という概念そのものに疑いをかける。ファッションは、方向性も進歩もない純粋の変化である。ある人たちが信じたいと思っている不変の目的、さらには世界の意味を疑い、世界には純粋に変化しかないのではないかという問いを突きつける。

ファッションは、他のタイプの文化活動や文化財のように、過ぎ去る時間の冷酷さに対して、不変の価値なるものを立てて虚しい抵抗をしようとはしない。ファッションは、時間そのものであるかのように時間の波に乗り、単純に既存のものを追い越していくのである。子どもはその存在そのものが、新旧の交代を意味し、文字通りに大人たちを死へと押し込んでいく時間の象徴である。

大人たちの多くは、長閑にも、子どもたちのこの神性に畏怖の念を覚えない。だが、その不敬に対する見返りは、自分たちの忘却界への追放、すなわち、最初から存在しなかったものとして扱われるという罰であろう。

二つ目は、創造性と新しさである。子どもは、世界の創造者である。一つ目と同じく神的な性質である。『沈黙の春』などの著作を記し、環境保護の先駆者として知られているレイチェル・カーソンは、子どもは、大人が忘却してしまっている自然の近くに生きており、子どもの生活には、世界との出会いによって生まれるセンス・オブ・ワンダーが満ちているという。それは、世界との邂逅の経験であり、初めての「触れる」経験である。またそれは創造性の源であり、センス・オブ・ワンダーは世界の夢想へと誘うのである。その経験は、同時に、問いかけの始まりであり、すなわち、知の始まりである。それは、哲学の動機である驚きの経験である。カーソンは、こう書いている。

レイチェル・カーソン

子どもたちの世界は、いつも生き生きとして新鮮で美しく、驚きと感激にみちあふれています。残念なことに、わたしたちの多くは大人になるまえに澄みきった洞察力や、美しいもの、畏敬すべきものへの直感力をにぶらせ、あるときはまったく失ってしまいます。もしもわたしが、すべての子どもの成長を見守る善良な妖精に話しかける力をもっているとしたら、世界中の子どもに、生涯消えることのない「センス・オブ・ワンダー＝神秘さや不思議さに目を見はる感性」を授けてほしいとたのむでしょう（カーソン、2021: 24）。

教育の対象としての子どもには、無能力、無社会性という特徴が割り当てられ、それゆえ、能力付与、社会化が教育の目的となる。しかし、大人になることが、子どもの目的なのだろうか。では、大人の目的とは何であろうか。死ぬことだろうか。教育とは、大人になる目的を設定し、そこに到達する過程なのだろうか。こうした考えは、あまりに大人の自己維持の感覚に寄り添いすぎているように思われる。

それは、一部のエリートが大衆はみな自分たちのようになりたがっていると自惚れている滑稽な姿に、似ている。幼年期とは決して大人になるための準備期間や前段階ではなく、人間の条件を構成する人間存在の根源的なものである。それを、忘れたり、捨てたり、超えたりすることはできないのである。

子どもにおける可能性と潜在性

次に、プラトンのいう子どもの第一の性質、すなわち、（a）可能性としての子どもについて論じてみよう。子どもは将来何にでもなれると言われる。これを子どもの可能性というが、私はここで、「可能性（possibility）」と「潜在性（potentiality）」という概念を区別したい。

子どもの可能性とは、何かに「なる」、何かが「できる」ようになるということである。その可能性とは、ある条件のもとである性能を発揮できる状態になりうるという意味である。それは、簡単に言えば、ある能力を獲得することである。

これに対して、潜在性とは、顕在性（アクチュアルであること）の反対であり、顕現された、現在の、現れたものの反対であり、すなわち、潜在的、未来の、隠されたもののことである。それは、子どもの文脈では、いまだ何かの特定の能力が獲得できていないが、いかなる能力にも自分を特化しうるという意味である。それは、無定形の状態と言えるかもしれない。

この違いは次のように考えられる。可能性の概念は、能力の獲得により、個体が環境に対して効力を発揮することに焦点を置いている。潜在性とは、これに対して、自分が別のあり方をした姿へと変容しうるということに焦点を置いている。それは、存在の変容に注目する。可能性よりも潜在性を強調することは、能力を獲得することによって、すなわち、ある可能性を獲得することによって、自己の存在のあり方が狭まってしまうことも指摘しているのである。

潜在性が、ある存在への変容を意味しているのに対して、その反対に、現実化し、実現したものが潜在的なものへと舞い戻ることを「レジリエンス（復元力）」と呼ぶことにしたい。それは、初期状態への回帰であり、潜在的状態への回帰であり、匿名性への回帰である。

可能性は、ある能力に関係している。一度身についてしまった可能性は、特定の事情（障害、老化、病理など）がない限りは、なくならない。しかし、今述べた諸事情、すなわち、障害、老化、病理は、人の可能性を狭めることで、環境へのその人の効力を削減して、そのことでかえって人間を潜在的な状態へと戻していく。

子どもとは、潜在的な状態にある存在である。教育は子どもに可能性を付与してその存在を変容していく。可能性は特定の能力を獲得することである。

ところで、人間存在は、能力の束あるいは加算的集合として理解してよいものであろうか。たしかに、動物の身体は、さまざまな機能を持った臓器でできている。しかし、生命とはそのような臓器の機能の加算的集合として捉えられるだろうか。そうではないだろう。同様に、私たちの存在とは、社会によって実現される機能の束に還元できるだろうか。

現在社会では、諸機能の束に人格を還元する還元主義的な考え方が普及しているかもしれない。だから、親は競って、子どもにさまざまな能力＝可能性をできるかぎり身につけさせようとする。そうした考えに従えば、人間とは社会的に実現された機能によってこそ、いわば、人間とは社会によって認められる働きによってこそ、十全に人間となるという考え方になるだろう。社会が、動物であるヒトを人間にするという考え方である。社会が人間を作るという発想である。

ここに見られる生命と社会という対比は奇妙かもしれない。人間は最初から社会的生物である。しかし、そこでいう「社会」とは、どのような規模で、どのような組織をしたものを言うのであろうか。おそらく人類が誕生した頃の集団は、せいぜいいくつかの家族の集合程度の大きさだったはずである。しかし、社会が大きくなると分業化が進み、個々人が担うそこでの役割は、社会から割り当てられていく。本来、人類は、自己の生存を確保するために集合したはずであるが、人間は、その社会の中での役割やそれに応じた能力に縛られ、そこにこそ存在意義を見出すようになっていく。そうして、私たちはもはや人間に出会わず、社会的役割にしか出会わなくなるのである。これは生命としての人間の喪失である。

社会による個人の束縛の度合いは、その社会がどれほど天然自然（ウィルダネス）を保持しようとしているかに相関しているように思われる。天然自然のもつ偶然性、偶発性、予測不能性、制御不能性をできる限り避けようとする社会は、それだけ人間も管理下に置く傾向がある。しかし、人間の意図通りに自然を統御することはできない。だから、世界の中で統御可能なものと不可能なものを区別し、後者を人間の領域から外していこうとする傾向がでる。

子どもの特徴が潜在性にあるとするならば、この潜在性を可能性で置き換えようとするのがこれまでの教育だったのではないだろうか。教育が社会化を重要な目的としている場合、その社会化とは、社会の中での一定の能力、とくに職業的な能力を獲得することを意味しているだろう。とすれば、可能性を獲得しようとしている段階とは、社会参加への準備期間、そして、可能性が獲得できない状態とは、ある意味で前社会的な状態に留まっていることを意味するだろう。

それとは反対に、潜在性を重視する感覚とは、自分が何かになることによって限局された存在に

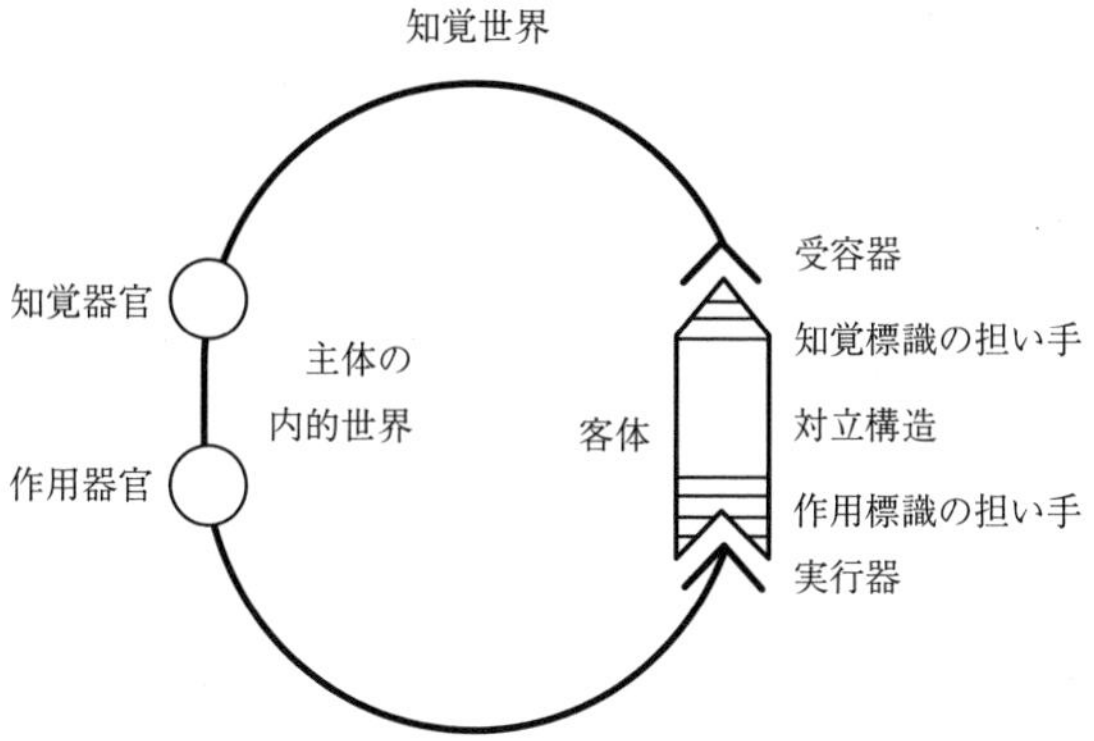

ユクスキュルの「機能環」

なってしまうことの拒否感に基づいている。子どもがしばしば「大人になりたくない」と言うのは、大人が社会に拘束され、限局化された存在に見えるからである。可能性は付与される。それに対して、潜在性は、どこまでも実現されない人間の裏面であり、この裏面こそが人間を人間たらしめているのではないだろうか。

さて、子どもの潜在性という特徴についてもう少し考えてみよう。可能性は、機能的な状態、すなわち、特定のインプットに対して、特定のアウトプットを出す働きを有することとして定義できるだろう。自分が一定の機能として存在しているならば、自分が関心を持つインプットは絞り込まれるだろう。交通整理をする警察官は、自動車の運転が法規に則っているかだけに関心を持つはずである。

比較動物学者であり、生態学の先駆者であるヤーコプ・フォン・ユクスキュル（Jakob Johann Baron von Uexküll）は、「機能環」という概念を提示した（先頁の図ユクスキュル／クリサート、2005: 19)。それによれば、知覚的受容器と行動的実行器は対象を挟み込みように機能が働くという。森の中に住むマダニは、哺乳類の血を吸って生きている。マダニには、視覚や聴覚はなく、哺乳動物が発する酪酸の匂いを感知すると木から落下して、温感によって動物の体温を感じ取り、触覚で毛の少ない皮膚を探り当て、血を吸う。酪酸と一定の温度、一定の固さを知覚して、それに反応していく。マダニの機能環は、その三つの要素で閉じており、それ以外の世界がないとユクスキュルは論じる。こうして、機能的な関係は、生物と環境との一定の循環の中に閉じ込めてしまう。

同じことが自然的機能のみならず社会的機能にも当てはまるようであれば、私たちが一定の社会的な役割（機能）を担うにつれて、知覚の対象は限定されていくことになる。その限定のされ方は、まったく見えなくなっていくということではなく、世界を知覚するときに関心が限定されて、多くの物事を見逃していくことを意味する。

潜在性とは、この機能環が限定されていない状態、機能環が閉じていない状態を指している。そこでは、知覚の扉は開かれ、行動は不定である。これが、後で論じる「遊び」の状態である。潜在性とは、別の存在にもなりうるという生命のダイナミズムの表現である。生命は世代を経て、異なった生き物へと進化していく。同様に、私たちは、固定的なアイデンティティに拘束されない潜在性をもっている。それはレジリエンスを持つことに他ならない。それは、社会的な存在である個人と、不定形な進化を進んでいく生命を区別することである。

個人とは、ここでは心理的主体のことであり、他者から独立した個人存在を意味する。しかし、個人と社会とは対をなしており、個人は根本的に社会的存在である。近代的な主観性のモデルとされるデカルトのコギトは、身体に依存せずに独立して存在できる精神実体として定義されている。しかしながら、デカルトのコギトは「私はある」と発話できる言語習得が前提となっている。デカルトの言う精神実体は、単独で存在できる魂であるどころか、じつは言語表現ができる社会化された心なのである。

それに対して、生命とは、動物という次元では身体個体を意味する。それは生殖と養育によって成立する。環境と関わりなしでは生命は成立しないどころか、むしろ最初から生態系の一部として組み込まれている。しかし同時に、生命は人間の特定の社会からは分離可能な存在である。私たち個々の存在を生命として捉えることによって、社会に埋め込まれた個人という存在の問い直しが可能なはずである。教育とは、現在の社会への同化ではなく、生命の再創造なのである。

子どもを生き直すための教育

教育とは、子どもを大人に変えることではない。またそうなることを目指すべきでもない。その代わりに、子どもの世界との出会いを温め、育み、思いやり、発展させる活動であるべきである。それは、子どもの神的特徴である時間性と創造性を生き直すことであり、毎日、子どもへと生まれ変わることである。日々、新しく子どもとして生まれ変わる方法を身につけること、これが真の教育が行うべきことである。

私が提案したいのは、子どもの目標とは、そして教育の目的とは、今の大人とは、親とは、異なる者になることだということである。子どもは、時間の象徴としての破壊者であり、創造者であるとすれば、両者を総合した存在とは、世界を再創造する者だということであり、別の言い方をすれば、子どもは、今の大人の目的あるいは価値を変える者だということである。そしてそうした者であり続けるということである。

先に触れたように、印象派の巨匠、クロード・モネは、「自分は盲目に生まれて来ればよかった、そしてある日ふと眼をあいたとすれば、眼の前のものが何であるかに煩わされずにその純粋な印象を描くことができるのに」と述べた（高階、1998：前掲箇所）。視覚が、その対象が「何であるか」に煩わされないというのは、その対象を他の対象と関連づけて、意味づけるのをやめて、そのものだけを見るということである。それは、より広げていうならば、世界を文脈や歴史や文化と関連させて意味づけるのをやめて、世界だけを見ることである。それは世界を、美しい無意味として見ることなのである。それが世界との出会いであり、世界そのものを愛し、それを今一度創造しようとすることの表現なのである。

子どもが子どもになり、大人も子どもになるのが、真の教育の目的である。子どもが子どもになるとは、子どもに留まり続けることではない。大人が子どもになるということは、自分を幼児化することでもなく、自分の年代的な子ども時代に逆戻りすることでもない。

それは、子どもであるという存在の強度を持ち続け、子ども性を賦活し、強化することである。それは、センス・オブ・ワンダーが生じてくるような、世界との邂逅を経験し続けることであり、それが可能になるような態度と技を身につけることである。ちょうどピカソやモネ、世阿弥の努力のように、である。

子どもになるとは、ある強度を持って世界と自分とが出会うことである。それは過去も現在も未来もないものであり、時系列的な時間性はないが、独自の発展の方向性を持つことである。レピュエレセンティア（児童期への回帰）とは、自分の子ども時代に戻ることではなく、子ども時代の独創性との出会いによって始まる、ある改心のことである。それは、あらゆる複製や再現からの脱却、独自の方向性の模索、存在の自由として理解される。

子ども性との邂逅とは、第一に、私たちの前にいる子どもたちの子ども時代と出会うことであり、第二に、大人の世界における創造的活動を下支えしている自らの子ども性との出会いである。子ども性との出会いは、エラスムスに倣えば、愛によって特徴づけられる。愛は、その対象を発展させ、成長させることを望む。自らの中にある子ども性との出会いは、その子ども性を発展させ、成長させることを望む気持ちへと至るだろう。大人は、子どもの中に自分が学ぶに値する何かが存在すること、そして自分の中に、その子どもの子ども性と共鳴する部分が残っていることを自覚して、子どもに接するべきである。

したがって、後に論じるように、発達を子どもの大人への一方的な変容とみなし、あたかも子ども性そのものには価値がないかのようにみなす児童心理学は厳しく批判されるべきである。そうした心理学は、潜在性の意味を見逃している。そうした発達心理学は、現在の先進国の大人を基準としてあらゆるものを評価し、判断しようとする。それは、子ども性の重大な価値を見逃し、自らを現状に縛り付けるようになるだけでなく、おそらく他の社会が発展させた別の社会や文明のあり方も理解できなくさせてしまうだろう。潜在性を無視してしまうことは、視野を狭窄させ、自己のアイデンティティに固執させてしまう。それは最終的には、自分と異なる者への偏見や差別の気持ちを増長させてしまうだろう。

大人の目的とは、自己同一性を固守して、ミイラのように遺体保存されることではなく、子どもになることである。何度も子どもに生まれ変わることである。それが児童期への回帰である。児童期への回帰において重要なのは、教師が子どもであることの意味を思い出し、その結果、自分自身を児童と同一化することということではない。児童期への回帰とは、ある年齢に戻ることではなく、自分の中に子ども性を復活させることである。子どもが自分の分身であることに気づき、自分（教師）の知識や技術、身につけた規範に対する抵抗として、子ども性を再経験することである。

児童期への回帰する教室では、子どもが教育者であり、学習者である教師はその学びを他の大人に、社会に伝える役割を担う。子どもの哲学対話で目指されているのは、このことである。この抵抗の中にこそ、子ども性の一つの本質が存在している。それは自分を何かに固定することへの抵抗である。これが、私たちが先に潜在性と呼んだ状態なのである。子ども性の経験とは、自分のレジリエンスすなわち、復元力の経験なのである。

第三章　遊戯と存在

遊びの定義

この章では、子どもの特徴である遊戯性について考察してみよう。

子どもは遊ぶ。子どもは時間がありさえすれば、遊ぶ。何でも遊びの対象として、何にでも遊びを見出し、どこでも遊ぶ。だが、遊ばない子どももいる。

遊びとは何であろうか。遊びの反対概念は、一般的に言えば、仕事である。実際には、大人の仕事にも、遊びの要素が入っていることは、労働歌のように歌って楽しみながら労働することがあることを見ればわかる。芸術は遊びに近い活動であるが、それが逆に仕事たり得るのは、遊びが人間の生活にとって不可欠であり、それを生活の糧にできるからである。

ニーチェによれば、「いかなる道義的責任も問われることなしに、永遠に等しい無垢のまま、生成と消滅、建設と破壊をいとなむのは、この世にあってはただ芸術家と子どもの遊戯だけである」（ニーチェ、1980: 411）という。

したがって、遊びの反対概念は、仕事というよりも、生存活動であると言えるだろう。哲学者のハンナ・アーレント（1994）の分類を使うなら、それは、「労働 labor」である。アーレントは、人間の行動を、労働、仕事、活動の三種類に分類した。

第一の「労働 labor」とは、人間の肉体の生物学的過程に対応する活動力である。そこで、労働の人間的条件は生命それ自体である。第二の「仕事 work」とは、人間存在の非自然性に対応する活動力である。仕事は、すべての自然環境と際立って異なる物の人工的世界を作り出す。人間は、この仕事の作り出した世界に安らぐことができる。そして、この世界そのものはそれら個々の生命を超えて永続するようにできている。第三の「活動 action」とは、何かの介入なしに直接人と人との間で行なわれる唯一の活動力である。コミュニケーションや対話などがここに含まれる。このように活動が行われるのは、人間がそれぞれ異なるからであり、人間の多数性という事実に対応している。

したがって、このアーレントの分類を使うなら、遊びは、生存を維持する「労働」ではない。生存を確保する「労働」は、心理的には苦痛を取り除く行動だろう。乾き、飢餓、病、怪我、闘争などの苦痛を取り除き、その状態を長期にわたって確保する人間の集団行動が、生存を維持する「労働」である。遊びは、喜びと楽しみに奉仕し、何かの介入がない点で、アーレントの定義でいう

「活動」に入ると言えるだろう。

遊びに関する古典を紐解いてみれば、ライデン大学のヨハン・ホイジンガ（Johan Huizinga, 1872-1945）は、『ホモ・ルーデンス』（一九三八）のなかで、「遊びは文化よりも古い。なぜなら、文化の概念はどんなに不十分に規定されたにしても、常にそれは人間の共同生活を前提としている。それに動物は人間に遊びを教えてもらうまで待っていたわけではない」（ホイジンガ、2018: 13）と論じた。ホイジンガは、こうして、動物が人間よりも先に遊んでいたことを明らかにすることから始める。遊びは人間よりも古いのである。いや、世界の始まりは遊戯だったのだ。そこに労働はない。

ホイジンガによれば、遊びの（人間的かつ文化的な）最も重要な側面のひとつは、それが楽しいということである。それに加え、ホイジンガは、遊びが持たなければならない五つの特徴を挙げている。

1　遊びは自由であり、事実自由である。
2　遊びは「普通の」、あるいは「現実の」生活ではない。
3　遊びは「普通の」生活とは場所的にも期間的にも異なる。
4　遊びは秩序を生み出す、秩序である。遊びは絶対的で最高の秩序を要求する。
5　遊びは物質的な利益とは無縁であり、そこから利益を得ることはできない。

遊びは自由な行為であり、「ほんとうのことではないもの」としてありきたりの日常生活、生存活動の埒外にある。楽しみにとって、自由であること、自由になされることは本質的である。同じ活動であっても、誰かに強制されれば楽しみでなくなる。遊びは、喜びであり楽しみであるので、しばしば人を完全にとりこにする。

だからといって、遊びは、何か物質的利益と直接に結びつくわけではなく、また、何かの効用が期待できるものでもない。遊びは、自ら進んで限定した時間と空間の中で遂行され、一定の法則に従って秩序正しく進行し、しかも共同体としての規範を作り出す。それは自らを秘密として囲い込み、あるいは仮装をもってありきたりの世界とは別のものであることを強調する。

日本の保育教育学者の山田敏（1994）は、ホイジンガの説をまとめて、遊びには以下の三つに特徴があると指摘する。第一に、その活動がその活動の主体にとって楽しいこと。第二に、主体にとっては、その活動自体が目的であって、その活動が、その外部にある他の目的達成のための単なる手段となっていないこと。第三に外部から強制され、拘束されているという感じを主体がもたないこと。これは正しい遊びの特徴づけに思われる。

不確実性の楽しみ

しかし、以上の特徴に加えて、遊びにはもう一つ逃してはならない重要な特徴がある。ホイジン

カイヨワによる遊びの分類（筆者作成）

	アゴン（競争）	アレア（運）	ミミクリ（模擬）	イリンクス（眩暈）
パイディア	競争	じゃんけん	子供の物真似	子供の「ぐるぐるまい」
（遊戯）	取っ組みあいなど	コイン・トス	空想の遊び	メリ・ゴー・ラウンド
騒ぎ	（↑規則なし）	賭け	人形あそび	ぶらんこ
はしゃぎ		ルーレット	おもちゃの武具	ワルツ
ばか笑い	運動競技		仮面	
			仮装服	
凧あげ				
穴送りゲーム	ボクシング			
トランプの一人占い	ビリヤード			ヴォラドレス
	フェンシング			（宙吊りの儀式）
クロスワード	チェッカー			縁日の乗物機械
	サッカー	単式富くじ		スキー
ルドゥス	チェス	複式富くじ	演劇	登山
（競技）	スポーツ競技全般	繰越式富くじ	見世物全般	空中サーカス

ガの理論を発展させたフランスの社会学者、ロジェ・カイヨワ（Roger Caillois）が、忘れられがちな遊びの特徴を強調している。

　その前に簡単にカイヨワの遊びの分類をみておこう。遊びのすべてに通じる不変の性質として、競争・運・模擬・眩暈を提示し、これを基点に文化の発達を考察した（カイヨワ、1971: 83）。

　一言で言えば、遊びとは、それ自体が人間にとって楽しい自己充足的行為である。そこには、生命活動を維持するのに直接必要な食事・睡眠等や、自ら望んで行われない労働は含まれない。遊びとは、楽しみ、自由、自己目的（自己充足）が本質的特徴をなす活動

ロジェ・カイヨワ

UNESCO History, Roger Caillois - UNESCO

だと言えるだろう。

ここで、注目すべきは、生命維持活動（労働）が遊びではないのは、生命維持が次の特徴をもっているからである。

第一に、苦痛からの解放（それは到達しただけで意欲を失う）であって、積極的に探求すべき楽しみではないこと。

第二に、自分の欠乏からやむなく動機づけられており、自由な活動、すなわち、やってもやらなくてもよい活動ではないこと。

第三に、それがもたらす状態（満腹、乾きが癒える、病気や怪我から治る、苦しみから逃れる）、すなわち、結果である状態に価値があるのであって、その活動は手段であり、自己目的ではないことである。

生命維持は、自分の内なる強制である。生命維持は自己中心的な活動である。それは自分を基準として世界を測定し、有用な部分とそうでない部分に分ける。これは、先にユクスキュルを引いて論じた機能の獲得に深く関係しており、自己を特定の形に限局する活動である。これに対して、遊びは、楽しいものごとからの誘いかけに応じることである。「これは面白そうだ」「いいこと思いついた」といったように、世界からの誘いに応じることである。

カイヨワは、遊びが、競争・運・模擬・眩暈からなるとした。競争と模擬の一部は、人間同士の関係である。運と模擬、眩暈は、世界への身の投じ方、身の任せ方である。運は、偶然に身を任せることであり、眩暈は世界の運動に身を任せることであり、動物や精霊の模擬は、世界の一部をその身に纏うことである。遊びは、世界を対象にした時に、つねに世界へと身を投げ、それに翻弄される自分を楽しむことが含まれている。

しかし、生存は、逆に、世界を自分のために奉仕させようとする。生存は、世界に身を投げない。むしろ世界の影響から距離を取ろうとする。遊びと労働とは、向かうベクトルが正反対である。競争と模擬の一部は、人間社会における対抗と同調という、二つの根本的な関係の中に身を投じ切ることである。

ホイジンガは、「この緊張の要素こそ、遊びのなかで特に重要な役割を果たすのである。緊張とはすなわち不確実なこと、チャンスである」（ホイジンガ、2018: 27）。遊びでは、やってみないことには分からないことを楽しむ。やってみることで生じる不確実性を楽しむ気持ちが、遊びにとって本質的である。労働においては、つまり生命維持においては、この不確実性を出来る限り逃れようとする。賭けや闘技が遊びであるのは、この不確実の要素、あるいは、未決定の要素をあえて取り入れているからである。

生命維持は能力あるいは機能を求める。それは、達成と成功を求め、不確実性を出来る限り減らそうと試みる。生命維持は可能性を獲得しようとする。そうして、生命維持は世界の関心を限局する。それとは逆に、遊びは潜在性を求める。遊びは、多様な姿で世界に自分を開こうとする活動である。それは、人間であることさえも越えようとする。子どもがごっこ遊びで、いろいろな動物や妖怪になろうとするのは、自分の人間という限定さえも越えようとする衝動を、遊びが内包しているからである。遊びは、人間が人間であることさえも超えていく。世界の始源としての遊戯へと遡る。そうして、世界の与える根源的不確実性すなわち、世界の根源的偶然性を享受する。したがって、遊びを仕事への準備とみなすことは、順序が逆立ちしている。遊びは生存よりもはるかに先んじて生じたのだ。

遊びという没入を通して、世界は開かれる。世界が人間の目の前に開かれたことにより、ようやく生命維持をする必要が生まれてくる。赤子は、生命に頓着せずに、世界を遊ぶ。労働は、いわば、遊びから生まれたのであり、遊びは生命維持の親である。生命は神の遊びだからである。遊びは、結果として労働を生んだのであり、労働を生み出すために存在しているわけではない。

能力を育てようとする教育は、こうして、遊びを削ることによって、自分たちを生み出す世界の根源から自らを切り離し、自分の存在を痩せ細らせていく。能力は、与えられた世界において自己の生命を維持させようとするという意味において、すでに自分を一定の設定の中に限局させている。それは、世界の隅に追い込まれた活動である。それは神的なものではない。真に価値があるのは、神的なもののみである。

そこで、私たちは、遊びを以下の要素で定義しよう。すなわち、楽しみ、自由、自己目的（自己充足）、そして不確実性である。

パイディア（Paideia）とルードゥス（Ludus）

こうして遊びは、自己目的な世界への没入である。しかし、その没入の仕方は、ただ無心になって活動するというほど単純ではない。哲学者のジョン・デューイは、『思考の方法』のなかで、遊びとは「遊び心」という「心のもちよう」から生まれたものだという（Dewey, 1910: Chap. 16）。「仕事心」は、やりとげたいこと、つまり、目標や結果に焦点を向けており、そのための手段に関心が払われる。「遊び心」は、遊んでいるという過程そのものを楽しんでおり、結果にはあまり関心がない。この点は、さまざまな遊びの理論家たちがこれまで指摘きたことである。たしかに、遊びとして始めても、結果の方ばかりに気持ちが行き過ぎると仕事になってしまう。スポーツにおける勝利至上主義は、スポーツから遊びの楽しさを奪い去るだろう。デューイは、遊びの要素が仕事の中に入ってくるならば、それは「探究（Inquiry）」になると主張する。

しかし他方、デューイの指摘で重要なことは、その過程そのものへの集中が度を過ぎ、まったく結果や目的を考慮しないと、その場その場の行いにすぎない一貫性のない「悪ふざけ（fooling）」になってしまうと指摘している点である。

そこで、遊びの中に生じてくるのが、ギリシャ語で言う「パイディア（Paideia）」と「ルードゥス（Ludus）」の区別である。再びカイヨワによれば、パイディアは、規則がなく、思いつくままに気ままに行われる、取り止めのない遊びである。パイディアはより原初的な遊びの形態である。それに対してルードゥスは、規則や用具、形式によって成り立っている。典型的には、スポーツやトランプ、将棋などを想定すればよいだろう。ルドゥスとは、したがって、ゲームである。ゲームは、遊びの一種であるが、そこでは目的が設定され、目的に達する過程が競争化されている。ゲームとは、目的‐手段関連を構造化した遊びである。

私たちが、アーレントが「仕事」と呼んでいるものは、しばしばゲームの要素を含んでいる。私たちの「仕事」の多くは、「労働」とは異なり、生存にも生殖にも、生存維持には直接に関わっていない。それらはしかし明確な目的を持ち、競争的である点でゲームである。

しかし人間は、このゲームを、「労働」であるかのように捉えてしまう。目的が必然性よりも遊びに由来するものであること、すなわち、ゲームであることを忘却し、競争を生存に結びつける。本来、必然性のない目的への手段にすぎない競争に、フェティシズム的に執着する。本当にゲームとみなされているもの、すなわち、ボードゲームや、スポーツ、囲碁将棋の類は、どれだけ努力を傾けた真剣な勝負であっても、それに取り組んでいる者たちは、「たかが……」という自覚を持っている。しかし、労働化したゲームは、そうした特徴、すなわち、ゲームの非必然性、無根拠性を忘却してしまう。

さて、「パイデイア」(paideia)は、もともとは取り止めのない遊びであったが、子ども(pais)を訓練して成人にすることを意味するようになる。それは、「教育学」(pedagogy)の語源でもある。さらに、教育ばかりでなく教育の結果である教養や文化をも意味するようになる。

古代ギリシャの教育については、自由人の教育としてのパイデイア、職人や奴隷の教育としてのテクネー（技術）があった。技術は、特定の分野での専門性をもったスキルを教えることである。それに対して、パイデイアでは、知育・徳育・体育を通した全人教育が行なわれた。パイデイアは、遊びのルールをつくることである。ゲームに生きるのではなく、ゲームを作ること、すなわち、遊びを作ることが教養だと考えられたのである。翻って、現在の日本の教育は、労働化したゲームのためのテクネーを教えているといえるだろう。

二重性と大人の遊び、子どもの遊び

遊びの奇妙な特徴は、普通の生活とは場所的にも期間的にも異なるということを参加者は知っていながら、「これは遊びだ」とは遊びの最中には決していわずに、それに夢中になっていることである。それは、自分が想像した世界に没入することである。

「たかが野球だ」ということを、プレイヤーは、野球をプレイしている最中には決して言わない。良き遊戯者である条件とは、遊びを日常生活に引き戻して、その一部してしまわないことである。仮面をかぶって遊んでいる子どもは、その仮面が自分の顔ではないことを知っている。いつでもそれを外せることを知っている。ごっこ遊びとは、そのような演劇の一種である。ジャック・アンリオは、「遊びは何よりもまず、遊び手とその遊びのあいだに存在する遊びによって成立する」（アンリオ、1974: 108）と述べている。この二番目の「遊び」とは、合間、隙間といった猶予をもたらす時空間のことである。また、アンリオは、これを遊びの二重性と呼んでいる。つまり、遊ぶ人は、それが子どもであっても、これは遊びなのだと理解しながら、それに夢中になっているのである。遊びに「間《ま》」をとる余裕が、逆に遊びに没頭することを可能にするのである。

遊びからの離反意識は、あるいは距離意識は、自己の異化を伴っている。ちょうど、演劇の演者が、劇中人物になりきりながら、そこからいつでも離れられるように、である。遊びへの参入は、子どもが、これは遊びなのだという一種の仮説を受け入れた時に遊びとして成立する。だが、それは仮説であり、それを捨て去ることも容易なのである。

そこで、遊びの定義は、最終的に、以下の要素からなることになる。すなわち、楽しみ、自由、自己目的（自己充足）、不確実性、そして、二重性である。

遊びは、日常生活の中のリクリエーションではない。生存の特別な一部ではない。遊びの世界と、その外にある世界（メタの世界）を循環して生きているのが大人であるとすれば、子どもは日常生活の世界、すなわち、生存の世界を遊びにしてしまう。大人は、いっとき、遊びに夢中になり、日常を相対化し、遊びを終えることによって日常に戻る。大人においては、遊びと遊びの外（日常の世界）が入れ替わり、遊びと日常生活＝生存は、最初は分離されている。しかし、大人の生活でも、遊びによって日常が霞んでしまい、色彩を失う。最終的に遊びは日常生活の中に浸透してしまうのである。浸透してくる遊びは、日常生活の虚構性を明らかにする。遊びは日常生活にとっての異世界であるが、また日常生活も、実は一つの異世界に過ぎないことを認識させる。

だが、遊んでいる最中に、「これは遊びなのだ」と意識することは、その夢中になっている没入状態を阻害する。だから、遊びの最中は、誰もそれを遊びなのだとは言わない。大人は、時間と空間を、遊びと日常生活を区切ることで、日常生活の遊びへの侵入を防いでいる。

しかし、この遊びと日常生活の仕切りと障壁は、遊びを守るためにあるが、逆に日常生活への遊びの進入をも止めてしまう。大人は遊びのルールを厳格にすることで、あえて遊びが日常生活に侵入することを防ごうとする。子どもは、このような障壁をそれほど厳密にしていない。子どものごっこ遊びで、現実的に突発的なことが起こっても、それが遊びの一部なってしまう。その場所と時間に生じた（現実の）偶然の出来事が、遊びのルールや目的を簡単に変更してしまう。

そうした突発的なもの、偶然の出来事は、遊びの続行を妨げず、子どもにおいては現実の侵入が遊びを白けさせることはない。むしろ、侵入した現実が、遊びの世界に取り込まれてしまう。子どもは大人とは違い、遊びが日常生活を侵食している。そうなるのは、子どもにおいては、常にルールが変様するからである。ルールが変様するのは、それを固定する権力と権威がないからである。だが、それは同時に、子どもがルールメイカーであること、遊びが神的領域から来ること、そして子どもが半ば、神的領域に属している存在であることを示している。大人の遊びは、日常世界、すなわち、生存を脅かさない。子どもの遊びは、日常世界、すなわち、生存を作り変えてしまう。日常生活、生命活動の維持とは、本来は神の遊びなのである。人間は遊びにより始源の状態に遡り、神の領域に入る。遊びは、世界の必然性を相対化する。

デュシャンと子どもの世界

ここで、日常生活と遊びの世界の侵食について表現したものとして、マルセル・デュシャンの、有名な「泉 fountain」(1917)という作品がある。これはありきたりの白い磁器の男性用の水洗便器に「泉」というタイトルをつけ、"R. Mutt"という署名をして置いてあるだけの作品である。美術館は、芸術作品が置いてある場所である。芸術は、遊びの領域に属するものであり、美術館とはその意味で本来、遊びの場所のはずである。小便器は、小便を処理するための実用品であり、清潔で健康な生活を送るという生存維持のための必需品である。美術館に小便器を置いたことは、それを美術品として眺めるということである。遊びの対象として小便器が扱われ、遊びの空間に生命維持の道具が侵入してくる。

しかし、実際には、美術館とは、きわめて真面目な場所であり、楽しみから離脱しかねないような深刻さをもっている。むしろ、それは教育や仕事の場所に見なされがちである。それに対して、小便器は、必需品(?)であるとはいえ、何か滑稽な、深刻に扱うには値しない遊びに近い什器ではないだろうか。とするならば、美術館に小便器を置くということは、むしろ、遊びである便器が、生存維持の真面目な空間に闖入してきたかのような逆転の感覚が得られるのではないだろうか。だが、これこそが子どもがやりそうなことなのである。

ここから分かることは、意味とは文脈のことだということである。ある事物があの事物として、便器が便器として見なされて、そのように扱われるのは、わたしたちが日々を送る当たり前の生活の文脈の中において、なのである。当たり前の事物同士である美術館と便器が奇妙な出会い、シュールな出会いをすることによって、お互いの「当たり前」性、すなわち、必然性が失われ、存在が無意味になり、存在の確かさすら朧げになっていくのである。

ゲームを作ること、ゲームをなすこと

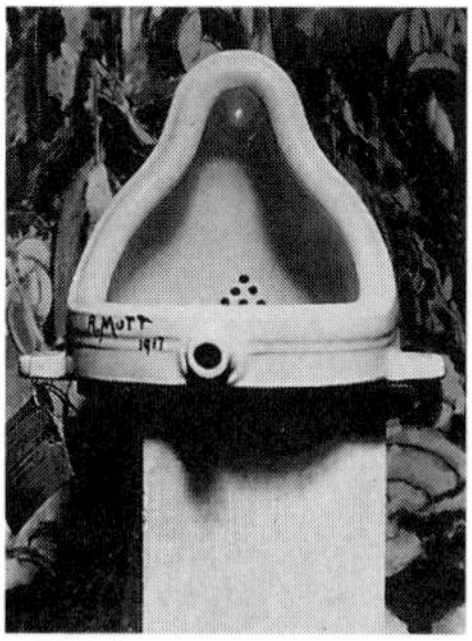

マルセル・デュシャンの泉

教育学者の矢野智司は、「遊びは同じ行為をしながら、その行為の意味をまったく別のコンテキストに置き換え、行為の意味を変えてしまう」（矢野、2006: 48）と述べる。子どもは、固定的なコンテキストに捉われることなく、複数のコンテキストを混乱なく横断して遊びを続行する。謝罪が演劇となり、ペンキ塗りの退屈な仕事が魅力的な遊びとなる。矢野はこう述べる。「子どもの遊びでは、ゲームの遂行の過程において、規則自体が組みたてられ、さらにまたその組みたて

られた規則も自在に変更されていく。この規則の変更の自在さこそが、遊びの醍醐味なのだ」（同上、42）。

ゲームがなされることと、ゲームが創られること、これは同一の現象なのである。ゲームが完全に予想可能であれば、すなわち不確実の部分がなければ、それはゲームではなく、儀式と呼ぶべきである。だが、遊びのなかでは、ある人は一定の行為を提案し、実行する。それに対して相手は、あるものを受け入れて応答し、あるものを受け入れない。このコミュニケーションの中でこそ、ルールが生成していくのである。

ゲームは、こうした（双方向的な）コミュニケーションのなかから自らを形成するルールや形式を立ち上げてくる。それは、ゲームが実行されながら、そのなかでゲームが自己生成していく過程である。この観点からすると、語彙や文法など言語の形式も、コミュニケーションのやり取りの中から生成してきたはずである。しかし、私たちは言語教育で、最初に語彙や文法を規範として教える転倒を犯している。このことからも、学校でのこれまでの教育がコミュニケーションではなかったことがわかるだろう。学校は、いわば、文法を教えて、その規則通りに話すことをコミュニケーションだと誤って学ばせる。それは、実は、コミュニケーションではなく、強制による反復である。ゲームがコミュニケーションであるだけではなく、コミュニケーションはゲームなのである。

哲学者のドナルド・デヴィッドソン（2010）は、「墓碑銘のすてきな乱れ」というきわめて優れた論文の中で、言語はあらかじめ学ばれた慣習や規則性によって作り出されるのではないという衝撃的な主張をした。

従来の言語学や情報理論では、話し手と聞き手は、社会制度である言語の体系的な知識と能力を、個々の解釈場面に先立って学習しており、それに基づいて発話が生成され、発話が理解されると想定されている。デヴィッドソンは、この考えを退ける。もし私たちがあらかじめ言語の体系的なルールを身につけているから言語が理解できるのだとするならば、どうやって子どもは言葉を学び、どうやって私たちは現地で生活しながら外国語を身につけることができるのだろうか。

文法や語彙でひどく間違った表現であっても、私たちは、不思議なことに、相手の言葉を適切に言い直して理解できる。子どもには、「そういうときにはこういう言葉を使うといいよ」と言い、まだ十分に言語を習得していない外国人には、「文法的に正しいのは、このように言いますよ」などと教えられる。逸脱した表現を使う相手でも会話は続行しており、伝えるべきことを伝えることができる。つまり、言語的慣習や規則の誤りを修正できるような一段深いレベルで、私たちと相手との間にはコミュニケーションが成立しているのである。

では、コミュニケーションで共有されているのは何であろうか。デイヴィドソンは、事前理論と当座理論という区別をしてその問いに答える。事前理論とは、通常の言語理論が想定しているような、言語的コミュニケーションを行うに当たって必要と考えられている文法や語彙についての知識や能力、総じて、言語的規則のことである。学校の語学の時間では、私たちはこれらを習う。

これに対して、当座理論とは、個々の場面で個々の発話をどう理解するかに関わり、相手の発話の意図するところを推測する理論である。発話の理解が成立するのは、その現場においてであり、対話者同士は、その場、その場のやりとりを通して相手の言わんとするところを理解していく。会話の現場では、事前理論はそのコミュニケーションが成功するための必要条件ではなく、必要なのは、対話者同士が同じ状況を共有しながら、相手の意図を当座に（差し当たり）想定して、相互理解を収斂させていく能力である。これが、異なった民族同志が最初に出会ったときに起きたことだろう。

いわば、最初から相手との関係に飛び込み、その中で互いの理解を微調整しながら、やり取りを続行させていくやり方である。当座であり、現場中心であり、現在進行形での戦略である。言語的コミュニケーションを一番深いところで支えているこの能力とは、端的に、人とうまく付き合うための全般的なコミュニケーションの能力である。それは、人間交流の能力、世の中を生きていくための相互理解の能力、相手とやりとりするスキルに他ならない。遊びやゲームにおける規則や形式に関しても、これと同じことが言える。言語は、文法や語彙を習う前に、人と人とのやり取り中で自然に調整される。文法や語彙とはそのやりとりを形式化した、後添えのものに他ならない。同様に、遊びは規則や形式を超えているのである。

ゲーム・チェンジャーとしての子ども

子どもは、突然に世界に現れた者である。すでに存在している世界の文脈の外から、突然その世界の内に放り出された者である。子どもは、生まれた時から自分の周りをさまざまな人や物に取り囲まれ、特定の場所と時代に埋め込まれて生きていく。子どもは徐々にその世界の中のさまざまな事物の関連を学んでいき、自分自身もその関連の網の目の一部であることを自覚していく。

しかし、子どもにとって世界は、訳の分からない規則や形式を備えた不条理な世界であり、その規則や形式に必然性があるように思われない。そこにおいても子どもが遊ぶのは、そこでは自分がルール・メイカーであり、ゲーム・チェンジャーとなれるからである。

子どもの遊びは、パイデイアの原型である。それは、現在の世界、すなわち、一定の規則を備えたひとつのゲームを、子どもが超えていること、子どもがメタの立場に常に立ち続けていることの証である。子どもはどこの社会の住人にもなりえ、どこの社会の住人でもない。どの言語も話すことができ、どの言語も話すことはない。これは、子どもがコスモポリタンな市民であることの証である。子どもはコスモポリタン、宇宙に住む者である。

だが、遊びが二重意識を必然的に備えているのに対して、日常世界、生存の世界においては、多くの者がそうした二重意識を持たずに生活している。世界についての二重意識とは、この世界が、他でもあり得た可能性についての意識である。それは、世界の始源の偶然性の意識である。遊びにおいて規則は、相互のコミュニケーションの中で、仮説のように設定される。それは、ときに受け入れられ、ときに拒絶され、偶発的な出来事で変わっていく。仮説としての規則がまったく受け入れないこともありうる。しかし、このコミュニケーションの過程、あるいは、デイヴィドソンの言う当座理論の過程が、日常生活では、生存維持の世界では、見えにくくなる。日常生活の規則はいつの間にか、どこかで決定されてしまい、そうなると、必ずしも拒否できるとは限らなくなってしまう。どうしてこのようなことになってしまったのだろうか。規則が決まる前のコミュニケーションでのやり取りはどこへ消えてしまったのだろうか。

変身する身体

「ぼくはトラックだ」「私はネコね」。子どもは、変身を好む。「ぼくはトラックだ」は、メタファー（隠喩）でもある。「私はトラックのようだ」という直喩を子どもは使わない。「私はトラックだ」という隠喩の方が、直喩に先立つのである。変身は模倣でもある。子どもは人間の大人だけではなく、あらゆる物を模倣する。他の動物と比べて、人間はあらゆるものを模倣し再現しようとする。

子どもは、親の真似をするだけではなく、動物、昆虫、植物、さらには、石や山のような自然物、電車や車、船や飛行機など人工物の非生命体まで真似さえもしようとする。子どもは、自分自身でありながら、他のものに没入し、そこに同化しようとする。それは、いわば何にでも変身しようとする意志である。変身とは、裏を返せば、何かに憑依されることでもある。こうして子どもは、模倣を通して人間の領域も越えようとしている。

模倣が変身であるとして、それは究極的に何をしようとしているのだろうか。それはオリジナルを反復しようとすることである。模倣は、ごっこ遊び、砂場遊び、創作活動と連続していると言えるだろう。それは、実は、究極的には、宇宙を作ろうとする試みなのである。

哲学者のガストン・バシュラールは、『ロートレアモン』という著作の中で以下のような面白い主張をしている。バシュラールは、フランスの象徴主義の代表的詩人であり、シュルレアリスムの先駆とされるイジドール・デュカスの『マルドロールの歌』という著作を独自の身体論の視点から分析する。イジドール・デュカスはウルグアイ生まれで、自ら「ロートレアモン伯爵」と称して、傑作の詩篇を残して早世した謎多き詩人である。以下の詩篇はシュルレアリスム運動の中で繰り返し言及された詩篇である。

ぼくは額の人相学的線の中に年齢をよみとることには精しいのだが、彼は十七歳と四カ月だ！彼は肉食猛禽の爪の牽縮性のように美しい、あるいはさらに、後頸部の柔らかな部分の傷口の定かならぬ筋肉運動のように、あるいはむしろ、あの永久の鼠取り棟、動物が掃えられる度毎にいつでも仕掛け直され、一台で無数の齧歯類の動物を掃えることができる、藁の下にかくされていても機能を発揮することのできるあの機械のように、そしてなによりもミシンと洋傘との手術台のうえの不意の出逢いのように美しい（ロートレアモン、1968: 283–284)。

G・バシュラール

『マルドロールの歌』の主人公マルドロールは、無数の動物へと変身しては悪行を重ねる、一種の怪物である。マルドロールは矢継ぎ早に獰猛な生物へと変身し、続けざまに無秩序に攻撃と破壊を繰り返す。変容しようとする意志がすぐに実体化して、マルドロールは変身を続ける。それは、子どもの願望そのものである。

バシュラールは、それを次のように解釈する。「ロートレアモンの詩は興奮と筋肉衝動の詩である。……実際、それ〔動物の形〕は再現されているのではなくて、真に産出されているのだ。それは行動によって導入される。巧みな労働者がその道具を創りだすように、ある行為がその形態を作り出す」（バシュラール、1965: 16)。

従来の哲学では、想像力は、知覚像を再現する一種の記憶力ないし想起力とみなされることが多かった。想像力とは、感覚された断片的な諸印象を融合する、あるいは綜合する作用だと考えられていたのである。しかし、バシュラールにとって、想像力とはこれとはまったく異なる力である。彼は、次のような驚くべき発言をする。「想像力の第一の機能は動物の形態をつくることである」

（同上、51）。変身とは、さまざまな動物の形態、すなわち、身体器官を産出することである。バシュラールによれば、想像力は身体器官のイメージを作ることではなく、まさに想像力とは身体器官そのものを産出する力なのである。

確かに、私たちの個人的な生活のなかでは変身などしない。しかし、子どもは変身を楽しんでいる。であるならば、実際に、子どもの身体は、あるいは、私たちの身体はしばしば疑似変身をしているのではないだろうか。変身という言葉が大げさならば、その代わりに、何かが憑依しているのだと言い換えてもよいだろう。そして、私たちは憑依と変身に限りない憧れを抱いているのではないだろうか。もう一度、バシュラールの『ロートレアモン』から引用しよう。

デュカスの詩が分析されなければならないのは、視覚的なイマージュの表現によってではない。運動的なイマージュの表現によるのである。……もしひとが、「人間の肉体のイマージュ」という書物のなかでジャン・レルミットによってもよく研究されているあの体位図式（身体図式）についてのポール・シルダーやヘンリー・ヘッドの業績を熟考するならば、この研究によい準備がなされたことになるだろう（同上、80）。

ロートレアモンの変身は、身体図式の実体化である。身体図式（body schema）は、神経学者のヘッドとホームズが見出した「体位図式（postural schema）」という概念に由来しており、自分の

モーリス・メルロ＝ポンティ

身体全体に関する認知を意味する概念である。自分の四肢がどの位置関係にあるのか、自分の姿勢が対象に対してどう向かっているのか、ある動作をするのに各部位をどのように動かせばよいのか、といった全身四肢の位置とその世界との関係を、私たちは、直感的に無意識的に把握している。

身体図式とは、その身体的な自己意識を持つための参照枠である。突如として四肢を失った人は、例えば、その手のない場所に、いまだに手の感覚を覚えていることがある。これを幻肢というが、これは実際の手を失っても、身体図式が、一種の習慣として以前のまま保持されているからである。

しかし、身体図式は、たんなる身体の配置図、あるいは体位の型として捉えるだけでは不十分である。身体図式は、ダイナミックである。ここで言うダイナミズムとは、身体図式とは運動する身体の図式であるというだけではない。私たちの身体は、不断に外界の事物と交流している。身体図式も、環境との相互交渉を通して変化する。身体図式とは、環境と交流する身体の動的図式である。

フランスの哲学者、モーリス・メルロ＝ポンティは、身体図式の概念に非常に注目した現象学者である。彼は、自分の著書の中で、幼児が小鳥の鳴き声や挙動らしきものを再現したというフランスの発達心理学者アンリ・ワロンの報告を取り上げている。

ワロンによれば、子どもは目の前の小鳥が囀っているのを凝視し、その鳥が飛び去ってしまうと、ハッとした表情を見せて、鳥のまねをして鳴いたという。子どもが鳥を眺めているときには、自分の姿勢で相手に溶け込むこと「姿勢的融即 participation」と、逆に相手の姿勢が自分の中に浸透してくる「姿勢的浸透 imprégnation」の両方が生じているという。ワロンの指摘によれば、この子どもは、鳥の動作に共鳴しているのであるが、それが可能なのは身体図式が、その鳥の動作に共鳴して、その体の動きを取り込み始めているからであるという。筆者の言葉を使えば、子どもは鳥に擬似変身し、鳥が子どもに憑依しているのである。メルロ＝ポンティはそこで次のように論じている。

他の子どもたちについての知覚ばかりではなく、自分とはかなり違っている動物の知覚でさえ、体位機能のおかげで、他者の態度に似た態度とか、同じ表現価値をもつ態度とかに翻訳されることになるのです。要するにわれわれの知覚は、問題の動作を以前に習ったことがなくても、運動的行為の再編成をわれわれのなかに引き起こすわけです（メルロ＝ポンティ、1966: 177）。

環境と不断に交流しながら環境とともに変容していく身体の統合的な姿が、身体図式である。人間の身体図式は、動物のそれによって憑依されることさえあるのだ。周囲の環境を見ることで、自分の皮膚をそれと同色にしていくカメレオンのように、何かを知覚することによってその対象のような姿に器官を変貌させることこそが憑依である。憑依によって、私たちは他の身体に変身する。私たちの他者を模倣する能力は、むしろこの憑依の力を手懐けることによって成り立つのである。

さらに身体図式は道具や機械をも取り込んでいく。身体図式は肉体の表皮を超えて、ラケットやメガネや自動車のボディなどの道具にまで拡がり、道具は文字通りに身体の延長となる。ラケットを振るときに、私たちはラケットのどこにボールが当たったか、目で見なくても分かる。機械の身体への接合も同様である。ヒューマン＝マシン・システム、サイボーグ、これらはすべて身体図式の変容能力に依存している。それは、いわば機械からの憑依であり、機械－身体への変身のことである。バシュラールによれば、それらはすべて器官を作り出す想像力の発現である。

想像力とは、自分の身体と他者の身体を共鳴させる力である。人間の生命的な実存は、他の人間の生活形態を模倣するだけではなく、他の動物からも憑依されて、それへと変身し、道具や器具だけでなく、機械までも取り込み、自己を拡張してみせる。子どもは、この柔らかな身体の能力を、大人よりも豊かに保持しており、そこから変身への意志が生まれてくるのである。子どもが想像力が豊かだと言うとき、それは子どもが過去を想い出すのがうまいということでは全くない。子どもの身体がどこまでも柔軟で、変身＝憑依が容易だという、身体的潜在性の豊かさを言っているのである。

第四章　終わりなき生
——多型的反復のリズムとしての子どもの時間

子どもの哲学を実施する場合、ゆっくりと対話を進めることが大切だというのは、ほとんどの実践者が同意するところであろう。対話においては、思考するための余裕に加えて、相手の発言を傾聴するために、十分に時間をとって相手に間《ま》を与えることは重要である。ゆっくり流れる時間の中でこそ、対話の中身は濃く、豊かになっていく。こうして、待つことは、本当はない方がいい、仕方のないことではなく、対話の本質に関わる態度である。

先に述べたように、今日の学校では、社会の他の場所と同様に、忙しなくスケジュールが組まれ、空き時間がないほどに計画が溢れている。日本の子どもたちは、学校が終わっても、習い事や塾に追われ、ゆったりと流れる時間などどこでも経験できない。この傾向は、ますます強まるばかりである。

近代社会は、あらゆるものが有用であるために計量化され、それに駆り立てられるような仕組みにつくられている。さらにこの傾向は、現代社会で強まり、時間さえもその仕組みに取り込まれていく。現代社会は、あらゆる過程の速度を早めて、即座に結果に到達することが望まれ、あたかも時間などない方がよいかのように瞬間化していく。さらに、現在を未来へ未来へと追い立て、現在が未来のための手段としての価値しかないように感じさせる。こうして時間を約めて、到達点という時間のない場所に還元していく。それは、哲学者のポール・ヴィリリオ（2003）が指摘するように、テクノロジーによる生活全体の変容として理解することができるかもしれない。

しかし、そもそも、スクール（学校）の語源は、skholéであり、「余暇」「自由時間」「仕事から解放」を意味していた。このことは、何か重要なことを示唆しているのではないだろうか。

そこで、以下では、子どもにとっての時間、教育における時間について考察していくが、とりわけ重要なのは、教育における待つことの意味である。

カイロスとクロノス

現代の時間は、今述べたように、極端に加速している。それによって、私たちの生きる時間そのものが貧困化している。古代ギリシャの哲学では、時間は、いくつかの異なった概念、神話の神々を使った概念によって比較されながら理解されてきた。神の個性を頼りにして、時間を捉えようとする考え方は魅力的である。ここでは、その神話によりながら、時間について考察しよう。時間について考察することは、子どもの本質について考えることでもある。

まず、クロノス（Χρόνος, Khronos）的な「時間」とカイロス（Καιρός, Kairos）的な「時刻」の対比について論じよう。クロノスは、時間を神格化したギリシャの神である（農耕神のクロノスとは別の神）。クロノス的時間とは、過去から未来へと、一定速度で、一定方向に、機械的に流れる連続した客観的時間のことを指している。それは、均一に計測された共同の時間であり、時計で計測されるような時間である。クロノスは社会的に管理され、予測と計画、集団性を円滑にする公的秩序である。

これに対して、カイロス的瞬間とは、通常の時間とは質的に異なる重要性を持った主観的時間、あるいは特別の価値を持った時間のことである。カイロス的瞬間とは、個々人の生活における決定的な変化をもたらす機会のことを指している。クロノスが水平的時間であるのに対して、カイロスは、その質的な特別性を言うために垂直的時間ということもある。

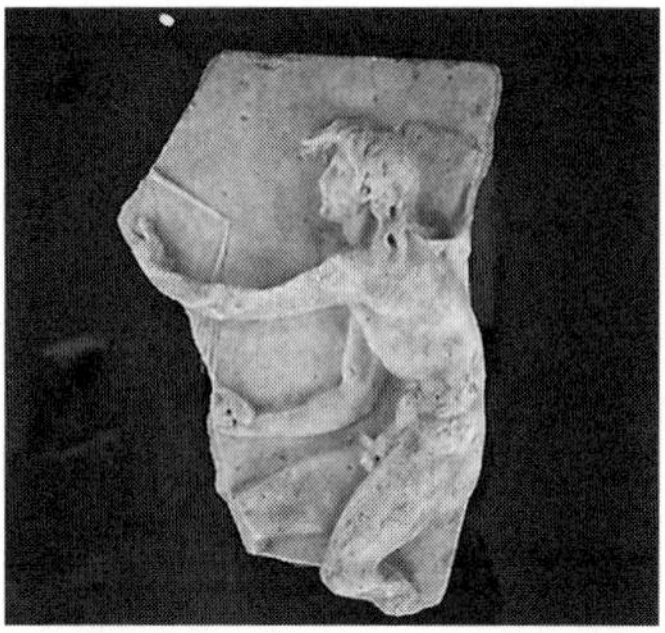
リュシッポスのカイロスのレリーフの複製

カイロスというギリシャの男神は、前髪しかなく、後頭部は、おかしなことに、まったくつるりとした無毛である。これはカイロスを捕まえるには、前からしか捉えることができず、一度通過してしまうと、もう取り戻しができないことを表現している。それは重要な機会の隠喩である。

決定的に重要な機会は、逃してしまえば、二度と得ることができない。カイロスはやってくるかどうかが分からない不確実な存在であり、それを捉えるには、油断せずに、つねに待ち構えていなければならない。いつもカイロスのことを心のどこかに留めていなければならない。

それに対して、クロノスのことをいつも心に留めておく必要がないのは、それは、自分が気にしなくても、客観的に社会によって計測されており、自分にとっては、特定の時刻、たとえば、労働時間の終了、待ち合わせ、約束事の期限などさえ覚えておけば十分だからである。カイロス的瞬間は、いつ来るかわかないものを待つことであるが、クロノス的時間は、私たちが迎えにいくのである。

クロノス的時間とカイロス的瞬間は、本来は、相互排除的ではないだろう。誰しもが、共同作業のためには社会的に定められた計測される時間を必要としている。他方、自分にとっての重要な機会は、さまざまな価値によって異なってくるし、あらゆる瞬間にそれがやってくる可能性がある。クロノスとカイロスはともに人間のそばにいる。

しかし、現代社会において、現代の学校において、クロノス的時間は圧倒的に支配的であり、しばしばカイロス的瞬間が入る余地を押しやってしまう。日本の学校では、時間が管理され、各授業・各教科に時間が割り当てられる。まだチャイムで時間が管理されている学校も多い。月の計画、年の計画があり、この計画をこなすことに教師は汲々としている。計画をこなすために、児童生徒にも教員にも、さまざま犠牲が強いられる。

「ブルシット・ジョブ」は、近年、文化人類学者のデヴィッド・グレーバー（2020）の著作で注目が集まった概念である。それは、被雇用者本人でさえ、その存在を正当化しがたいほど、全く無意味で、不必要で、有害でもある有償の雇用形態をいう。何の意味もない、「クソどうでもいい」、仕事のための仕事が、あたかも有用で必要なものであるかのように存在し続ける事態は、世界中で身近な現象である。これが、非常に大きな社会問題として最近、注目された。

哲学者の酒井隆史は、ブルシット・ジョブについて論じた著作の中で、日本では、無駄で、無意味で、精神的にも有害な仕事への耐性が、学校教育によって作られていると指摘する。

たとえば、日本社会における子どもあるいは未成年への不信には強力なものがあって、たとえば、とにかく学校が終わったあとの時間でも、あるいは休日であっても、なにかによって束縛しておかないと不安であるという気運が漂っているように思います。部活や校則、宿題も、人間のなにかを向上させるというよりは、こいつらは放置するとろくでもないから、とにかくなにかルールに恒常的に服従させ、なにかをさせておくべきであるという発想がその根底を支えているようにもみえます。学業はジョブではないので、ＢＳＪ〔注　ブルシット・ジョブの略〕ではありませんが、日本社会では、幼少期から規律的意味しかない無意味な規則や挙動を長時間強いられることで「ブルシット・ジョブ」への耐性がよそよりもあるといえるかもしれません（酒井、2022: 108）。

ブルシット・ジョブは、仕事が目的（タスク）によってではなく、時間によって管理されるようになったことで生じてくるという。クロノス的な時間管理は、必然的に、無意味なブルシット教育を生み出していくだろう。それは、価値や目的よりも時間的秩序、すなわち社会的規律が優先されていることの証しである。

子どもに重要な良き変化をもたらす出会い、子どもが素晴らしい集中を見せている時間、すなわちカイロス的瞬間が訪れようとしても、時間割で区切られたクロノスによってしばしばカイロスは追い払われてしまう。最初から、カイロスがやってこないように管理されている場合さえある。いつやってくるかわからない、予想のつかないカイロスの到来は、不確実なものとして、クロノス的時間の支配からは嫌われる。カイロス的瞬間は、遊んでいるかのような時間に見えるからである。遊んでいるとは、役に立たずに存在しているという意味である。それに対して、クロノスは仕事の時間である。苦しい労働の時間のように、そこから解放されることが喜びであり、救いである。学校での時間管理ほど、対話的な教育に相反するものはない。というのは、対話とは、まさしくカイロス的瞬間の到来を待つ営みに他ならないからである。これについては、後に教育的タクトとの関連でさらに論じることにする。

ヘルメスとヘスティア

一方向的に流れる時間に対して、循環的な時間を区別する場合もある。そこで、クロノス−カイロスという区別とは別に、ヘスティア的時間とヘルメス的時間という区別ができるように思われる。ヘスティアとは、ギリシャ神話におけるかまどの女神であり、家と家族的生活の中心である炉端を象徴する家政の神である。

ヘルメスは、その韋駄天で知られるギリシャの神であり、神々のメッセンジャー役である。ヘルメスは、開かれた、公共の場所を移動するので、道路、旅行者、横断の神であり、羊飼いと牛飼いの庇護者である。またヘルメスは、運動とコミュニケーション、水先案内、交換と商業の神である。

ヘスティアを中心とした生活は、変化や成長は時間へと結びつけられる。同じ場所での経験の積み重ねは、経験や知識からその場所性を脱落させていく傾向がある。習慣的行動を基本とした生活では、注意は現在の世界へ向かうよりも、過去の想起と未来への気づかいへと向かうだろう。

他方、ヘルメスをモデルとした生活では、時間と空間は切り離されない。経験や知識は、つねに特定の場所に結びついた局所的なものにすぎず、初めての場所や場面ではかつての知識は通用しないことがしばしばである。風変わりなもの、慣れないものに取り囲まれているがゆえに、周囲に注意が鋭く注がれる。過去の経験や技術はつねに役に立つとは限らずに、未来の予測は立ちづらい。同じ場所で得られるアイデンティティや、その場所での変遷の積み重ねとしての歴史や文化は、へルメス的な観点からは重んじられない。ポータブルであること、交換可能であること。これらがヘルメスにとって貴重なものの特徴である。

ヘスティアの生活は、価値のある事物を家の内に配置し、自分の存在のあり方をそれらに依存させる。しかしながら、それらの事物は動かせないので、家から離れればあたかも自分を失うかのように思えてくる。

これに対して、ヘルメスの生活は、いくつかの身につけられる道具だけを頼りに、移動しながら広域環境のなかに棲む。

ヘスティアは円環の神である。円環的リズムを形成するために、保守的であることがヘスティアの生活には求められる。人はしばしば円環性・回帰性に安心を覚える。しかし、本当は、宇宙は円環せず、何ひとつとして回帰することなどないだろう。ヘルメスは直線の神である。円環性と帰郷とは、人間的な、あるいは、動物的な欲求に応えるためのものであろう。

アイオーンの時間——終わりなき世のめでたさよ

以上の区別とはまた別に、アイオーン（Aion, Aeon）という時間概念がある。アイオーンは、無限に延びる時間を象徴するものであり、永遠、生涯、年齢、世代を意味するとされている。

古代末期には、アイオーンは、無限に延びる時間を擬人化した神であった。古代ギリシア語における「永遠」という概念は、名詞アイオン（αἰόν）と形容詞アイディオス（Ᾱΐδιος）によって示される。初期ギリシア語で αἰόν は、「アエノス（Ᾱέναος, いつまでも流れ続ける）」や「アイゾース（Ᾱείζωος, いつまでも生き続ける）」と関係し、宇宙（コスモス）や精霊や神々の永遠性や、その寿命の長さを意味した。あるいは、その言葉は、しばしば生命力という意味を持ち、生命そのものを指した。この言葉が永遠を意味するようになったのは、おそらく、命が終わらない宇宙や神々を意味するのに、その言葉が使われたからであろう。

　つまり、アイオーンとは、終わりなき生のことであり、いつまでも流れ続ける生のことである。それは、変転としてのあらゆる潜在性が凝縮している生のことである。アイオーンに生きることとは、無限の強度をもって現在、現在を生きていくことである。

　永遠に流れ続ける生とは、私たちに、旅のイメージを思い起こさせる。それは終わらない旅である。その点で、どこか、ヘスティアよりはヘルメスに近く感じるかもしれない。

　旅の時間は、出発と出会い、思い出からできている。私たちは故郷に帰還するが、帰還した場所は、旅の間に時間が経っており、もはや元の場所ではない。旅とは、出会いである。何かを期待しながら、何が来るの分からない。それを楽しむ移動、出会いのための移動が旅である。したがって、旅は、ハプニングが起こらないほど計画されすぎてはならないだろう。それでは、旅の楽しみがなくなる。旅で出会うのは、可能性ではなく、潜在性である。その訪れた場所が期待通りであったときには、可能性が実現したのであって、その場所の潜在性が発揮されたのではない。旅において経験が期待されているのは、訪問する場所の持つ予期できない潜在性であり、それを経験することによって変容する自分自身の潜在性である。

旅は、自分の故郷も、過去の自分自身も、旅の延長に据えて変容させる。移動して、新しい場所に行くことによって、過去の場所と過去の自分が更新される。自分や世界が新しくなり、見慣れたものが異質になる。そうして、出発点となった場所の意味が異なってきて、通過点として計画していた場所の意味も変容する。旅は、後に述べるように、カイロス的である。

旅に出ない者、旅ができない者は、到着点に価値を求めようとする。ヘスティア的な安全の中で、同一のままであろうとする。そして、過去を記録し、未来を案じる。しかし、旅の伴わない到着点への移動は、移動する過程はもちろん、到着すること自体を無意味にする。なぜなら、旅を経ない到着点には、移動の過程を経ずに最初からその場にいることが最善であり、その意味で、到着という概念も無意味にするからである。そうした旅のない移動は、自分を変容させることも、出発点の意味を変えることもない。実際に、私が出発点から一歩も動かず、そこにとどまったままですむなら、それが最善だからである。この旅なき移動の究極が、インターネットを介したオンラインでの訪問や面会であろう。

他方、旅は、出発点も、経過点も、到着点も、計画した時点でのそれらとは異なった場所へと変容させてしまう。旅の全ての過程においては、それが仮に計画通りに進行しても、すべての場所が変容してしまう。いわば、場所と、そこを訪れる自分がともに変身してしまうのだ。これが旅をすることの意味である。

したがって、旅には終わりがない。というのは、旅による変容には終わりがないからである。旅に出ない者は、永遠にヘスティアの同一性を享受する。それに対して、旅は、ヘルメス的であり、移動して、新しい場所を訪ねて、自己と世界が変容することを求める。旅は、予期しないものを期待し、不確実性を楽しむことである。

旅とは、遊ぶことであり、子どもになることである。余暇とは、レクリエーション（再創造）である。旅がレクリエーションであるのは、それは出発点の、通過点の、到着点の、再創造だからある。そして、それこそが、本来のスコレー＝教育である。旅をして自己と世界のあらゆる地点を新しい見慣れない場所にすることが、教育なのである。新しいものの提示、新しい場所への導きが、教育である。そこで、見慣れぬものに出会った子どもたちは、思考を始めるだろう。思考とは、自分の考えを変身させることである。それは対話を通して、他者の考えに憑依されることによっても始まるだろう。教育とは、子どもの変身の過程を勇気づけ、促進し、それを永遠の生へと導くことである。教育とは、子どものアイオーンの時間を、永遠化しようとすることである。

待つこと——潜在性、旅、歓待

子どもの哲学を行うときに実践者が常に気をつけているのは、先に触れたように、「時間をかける」「焦らせない」「ゆっくりと考え、話し合う」という時間の使い方である。日本でも大きな影響力を持っている現在のP4Cを代表する実践家であり、理論家であるハワイ大学のトマス・ジャクソン（Jackson, 2004）は、「〝どこかに到達しようとして急ぐことはない〟これが、ハワイでのP4Cを活性化し、導き、教える精神である」と述べている。おそらく、多くの子どもの哲学の実践者がこの発言に賛成するだろう。

現代の教育は、現代社会の生活を反映して、何かに到達しようとして急ぎすぎ、焦りすぎている。私たちは時間の中に行動を詰め込み、何かの数値を出してみては、何かを達成したつもりでいる。現代社会は、クロノス的時間に支配されており、学校も同様である。

しかし、それは日々を忙しくするだけで、本当に何かを成し遂げたことになるのだろうか、そして、それは何のために、何を、成し遂げようとしているのだろうか。私たちの人生に限りがあるながら、そしてその最後に死が待ち受けているならば、現在を永遠に生きるアイオーンの時間をこそ、生きなければならないのではないだろうか。

鷲田清一は、『「待つ」ということ』という哲学的エッセイの中で、「言葉を迎えにいく」ことの愚かさと無神経さについて以下のように述べている。一九九五年一月一七日に発生した阪神淡路大震災の後の会話でのことである（鷲田、2013: No. 782-786）。

I：三月ごろに人から「もう落ちつかれたでしょう」と言われたことがあったんですが、それになんとも言えないギャップを感じました。震災から二ヶ月後くらいですが、私にとっての時間と、その人にとっての時間は、また意味が違うんですね。

K：日本人はあいさつのときにそういう言い方をする人が多いですね。それで「はい」と言われると、自分も安心できるから。そうすると、そう言われたほうもうるさいから、たいてい「はい」と答えるんですよ。

「迎えに行く」ということは、待たないことである。来るはずの人を、こちらから迎えに行く。言葉を待つのではなく、来るはずの言葉を想定して、迎えに行く。哲学対話では、しばしば他者の発言を傾聴するように示唆される。傾聴とは、人の言葉を待つことである。それは、カイロスの到来を待つということである。これに対して、言葉を迎えに行くことは、他者の存在をいなして、自分を安心させるために言葉を取りにいくことである。自分の範囲の中に他者を封じ込めることである。それは、自分をいまのままで許すことであり、何もしないでいようとする欲望である。

日本人が、そういう自分を安心させる挨拶を好む人が多いということは、自分を変えたくない、したがって、自分を変えてしまいそうな人や機会からは逃げてしまいたいという気持ちを持った人が多いことを意味しているだろう。それは、自己愛に満ちた、しかし他者からの評価に常に怯えている人の取る態度である。そうした人々は、どこまでも炉端から出ようとしない、出発しようとしない。それは保守的と言えるだろうが、何か守るべき大事なものがあるからそうなるのではなくて、進むことに見通しがないというよりも、ただ自分を変化に晒したくないのである。変化とは、さらに自分が悪くなること以外にないと信じているからである。

待つことは、待っている者に自分を投げ出し、その人に従属することですらある。それは何かを祈るかのように願うことである。「レストランで食事が運ばれるのを待っている」、「病院で支払いの順番を待っている」。こうした場面での待つことは期待しているものが到着すると、あるいは、期待していたものが得られると終焉する。それは自分の目的を達成したことである。以上の場面では、ほぼ必ずと言っていいほど期待していたものが到来し、そうでなければ苦情をいうことができるであろう。「約束が違う」と言って。これは、旅をせずに移動することに等しい。

しかし、何が到来するのか分からないままで、何かを待つことは、ある種の矛盾がある。というのも、待つとは、待っているものが到来したかどうかも分からないまま、到来したものを受け入れることだからである。そこには、不確実性が存在する。何が来るのかをわからないまま待って、期待外れのものが到来する。しかし後になって、「それこそが、自分が期待していたことだったのだ」と理解することもある。こうした矛盾が生じるのは、何かを期待していた出発点から、何かが到来した現地点において、自分が変容するからである。待つことは、待たれているものによって自分を変容させることである。「待ち人来たる」というおみくじの言葉を、アポイントをとったビジネスの相手に当てはめようとは誰も思わないだろう。それは、ある予想外の人が来て、その人が「私の待っていた人だ」と後で気づくための予言である。

待つことは、旅することと似ている。立場を変えれば、それは旅人を受け入れることである。歓待するということである。旅人は、旅先で受け入れられなければ、旅をすることができない。歓待する側が歓待しなければ、旅人はそこに逗留することができず、通過するしかない。そうなれば、旅人は変わることができず、待つ人も変わらない。待つ人は動かずに旅する人である。待たれている人に受け入れられなければ、旅人は旅をしたことにならないし、待っている人は待っていることにならない。

期待はそれが期待するものを知らない。旅の時間とは、カイロス的瞬間である。旅の中に、予想できなかったものに出会うカイロス的瞬間があり、また旅そのものが、クロノス的日常生活においては、垂直的な変容をもたらすカイロス的時刻であり、カイロス的瞬間である。

何が来るかわかっていないで待つ、自分の期待を裏切るものを期待するという矛盾の中に待つ行為がある。鷲田はこう書いている。

待つことの終わりが到来する保証のないところ、およそ「期待」ということがなりたたないところでこそ、ひとははじめて待つことをはじめるということだ。とどのつまり、待ってもしかたがないとじぶんに言い聞かせ、待つことを放棄するなかではじめて、待つということのほんとうの可能性が到来するということだ（鷲田、2013: No. 2199-2202）。

待つことと教育

待つことは、言葉を迎えに行くときのように、他者を自己の期待や意図の中へと同化することではない。その逆に、他者の前に自己を晒して、自分を打ち直してもらい、変容させることである。認識とは、このような意味において真理を待つことである。科学は、仮説を立てて、それを証明しようとするが、その仮説の予想が外れたときには、その結果に従い、自分の仮説を退けなければならない。研究計画通りの成果を求める学術支援は、科学の活動を萎縮させ、創造の芽を摘み取ることになるだろう。教育とは、これと同様に、子どもと共に真理の到来を待つことである。教師が自分の望む方向に、子どもの反応を制御しようとするのは、迎えに行くことである。それに対して、真の教育とは、どのようになるか分からない子どもの変容を待つことである。

教育において、変容するのは教師や大人でもある。教育とは、子どもが自分の期待が裏切られるような人間になることを期待することである。旅と歓待におけるように、待つことによって、人間が期待を裏切りながら変容し、その変容を「これが望んでいたことだ」と言い得ることに、人間の自由があるのだ。

待つことが自由であるのは、変わりたいという高次の欲求を持ちながら、どのように変わるかを知らないからであり、真理を得たいと思いながら、何が真理であるかを知らないからである。それは、出会いの旅であり、カイロスの到来を期待しながら、待つことである。繰り返すが、そこにこそ、人間の自由があるのだ。

その逆が、意図的行為であり、それを成立させるための技術である。技術（スキル）は意図したものを得る手順である。したがって、教育とは、教育する対象を意図通りのものにする技術ではなく（それは教育の逆である）、教育する対象である子どもをいわば「知ろう」とすることである。それは子どもを愛することでもある。教育とは、教師にとって、子どもと共に行う真理の探究であり、子どもの変容という真理を待つところの認識である。待つこととは、潜在的なまま待機していることを、受け入れることである。教育とは旅をして、潜在性を湛えた場所に訪問し、そこで自分を変容させることである。すなわち、教育するとは、教育を受けることであり、教えることは、教わることである。おそらく、私たちは、実は、「何かを待つ」ことなどできないのである。できるのは、何も待たないで待つことである。それは到来したものを受け入れるように、自分をあらかじめ放棄しておくことなのである。それは、世界を愛することである。この自己放棄の状態をソクラテスは、「無知の自覚」と呼んだのだ。以下の章では、教育における真理の意味について考察しよう。

第五章　真理と対話

教育は真理とどう関係しているのだろうか。知識を教育することは学校教育の主要な役割のはずであるが、教育の世界において真理が論じられることはきわめて少ない。しかしそもそも真理を教えることなど、人間にできるのだろうか。それができないとすれば、教育者はどうやって真理に到達する方法を教えられるというのだろうか。

以下、これまで論じてきた子ども性が真理の探究とどのように関わるのか、ソクラテスの無知の自覚を参照しながら論じてみよう。

真理と問い

真理とは何であろうか。私たちの知的活動は、すべからず真理の探究である。しかしながら、真理とは何のことだろうか。

古典的には、知識とは「真なる信念」のことであるとされてきた。では、その「真」とは、どのように確保されるのだろうか。真理には、伝統的には、二つの定義があった。ひとつは、対応説であり、それによれば、真理とは、ある文（命題）が現実の世界に対応していることであるとする考えである。命題とは、事実について述べている文（単語や言説、すなわち文の集合ではなく）のことである。「猫がマットの上にいる」が真なのは、現に猫がマットの上にいる場合である。

もう一つは、整合説である。この考えでは、ある命題が真であるかどうかは、それと他の命題群との整合性によって決まるという。たとえば、論理的に正しい命題は、他の命題と整合しているから真なのである。1＋1＝2という式が正しいのは、十進法の数字と演算の体系の中で、他の式と整合性がとれているから、つまり、無矛盾だからである。整合説は、命題の現実との対応を問わない。真理概念としてどちらが妥当かといった哲学の論争は続いているが、しかし、この二つの考えは、真理を命題に関連させようとしている点で共通している。

しかし、ある文、たとえば、「猫がマットの上にいる」の真偽を、発言者とその文脈、前後の対話の流れから切り離して扱おうとするのは、典型的に書物の文明に囚われた発想ではないだろうか。書物に書いてある文は、誰かに発話されたものではなく、社会や時代の文脈から独立しているように思われるからだ。

しかし、私たちは日常生活では、発話された命題を、つねに、ある時とある場所で誰かによって発話された、何かの意図を持ったコミュニケーションとして聞いている。「真理とは、ある文が現実に対応していることである」といった真理の定義をしても、哲学を専門としていない人々は首をかしげるばかりである。それが理解に難しい定義だということではない。私たちが日常生活の中で「真理だ」とか「真実だ」とか、「真だ」「正しい」とかという時の、その発言の重さからは、対応説や整合説の乾いた定義が甚しく離れているからである。

「真」という言葉を使う時、私たちはその発言を真剣に捉えようとする。現実に対応している文は、事実と呼びうるだろう。しかし、真理とはただの事実ではない。ただ現実に対応した命題のことではない。私たちの対話的なやり取りから切り離され、宙に浮いたような文に対して、その文に現実は対応しているかどうかなどと、誰も気にかけることはないだろう。実際には、いかなる文も、人間から切り離され、誰からも発せられていないということはない。あらゆる文は、ある人間から発言された主張に他ならない。

人間の主張であるからこそ、それが、真かどうかが問題になるのである。機械がある文を音声発出しても、その「発言」についてあえて議論しようとする者はいない。機械の音声は主張ではないからである（機械の発する警告音なら、別の意味で私たちは気にするだろうが）。古典的な哲学は、真理が問題になる発話的状況を無視している。誰かが、ある時に、ある状況において、真理や真偽を問題としているのである。古典的な哲学は、真理がコミュニケーションのなかでこそ問題になることを忘れている。これは、先に述べた哲学者のドナルド・ディヴィドソンが、言語の語彙や文法の知識を優先する考え方が、現実のコミュニケーションを忘却していることを指摘したことと対応しているだろう。

真理とは、それが日常生活で重みを持つ言葉であるのは、それが、ある問いに対する答えだからである。真理とは、問いに対する正しい答え、あるいは、説得力のある答えのことである。問いのないところには、世界（事実）はあっても、真理はない。人間が発する問いには、聞き手に対する感情が紐づいており、聞き手に対する一定の目的や意図から発せられている。だからこそ、私たちは、問いに対する答えとしての真理に価値を感じるのだし、重みを感じるのである。価値に関わらない命題は、事実とは言えても、真理とは呼べない。

現実のある側面がわかっても、それは事実と呼ばれても、真理とは呼ばれない。マットの上に猫がいるのは事実であるが、それだけの事実を、日常言語では真理とは言わない。真理とは、したがって、自然や社会、人生に関する単なる事実について述べるものではない。私たちが、それらのものを前にして抱く問いに対する解答のことを真理と呼ぶのである。

真理は、事実であると同時に、私たちの生き方に、あるべき姿に深く関わっている。ある自然法則が、単なる事実ではなく真理であると主張される時には、それが人間からは変え難い摂理であること、それを人間の利益とするには、それを受け止め、それに従う必要があることなどが含意されているのだ。

問いとは何か、私たちは何を問うのか

真理とは、問いへの解答であるとすれば、私たちは、なぜ問うのであろうか。エリック・ホッファー（Eric Hoffer）という哲学者は次のように書いている。「言葉は質問するために発明されたものである。回答は音や身ぶりによって可能だが、質問だけは言葉にしなければならない」（ホッファー、2003: 165）。

何かを伝えようとすること、ではなく、自分における何かの欠落や不足、すなわち無知と呼ばれるものを、他者によって埋めてもらおうとすること。ここからコミュニケーションは始まったのだと、ホッファーは言う。そして、子どもの哲学を創始したマシュー・リップマン（Matthew Lipman）は以下のように書いている。

> 幼児はどんな言語も持ち合わせていない。子どもは徹底的に謎に満ちた世界に囲まれている。世界のすべてが、探求と反省的な問いかけを求める。世界が、不思議に思う心、行動すること、そして考えることを求める。世界のすべての不思議なもののうちでも、自分の家族ほど不思議なものは他にはなく、家族が従い、家族の新しい一員である子どもに課そうとする生活形式ほど当惑させるものはないだろう。子どもはこの世界が奇妙であることを発見するが、その神秘さが子どもから話す能力と考える能力を引き出すのだ。（リップマン、2014: 10）

マシュー・リップマンと子どもたち

社会学では、子どもを含めた社会の新規参入者が、その社会の文化、規範、価値を身につけていく過程を社会化というが、第一次の社会化は幼児から児童期になされ、主に家族がその社会化の担い手となるという。そして、児童期以降、学校やメディア、職場などで第二次の社会化が行われ、子どもは、各分野や地域に固有な組織のあり方や規範を身につけていくという。先のリップマンの引用は、子どもの問いが第一次社会化と共に始まることを示唆している。

たしかに、人間のさまざまな慣習や制度は恣意的な側面をたくさん含んでおり、子どもたちがその点に疑問を抱くのは当然である。しかしながら、子どもの問いは、そうした人間関係に関すること、あるいは、社会に関することから始まるのだろうか。

哲学者であり、自由主義教育に最も大きな影響をもっているジョン・デューイ（1910）は、『思考の方法』という著作の中で、思考の起源は困惑や混乱、疑いであると指摘している。しかし、私たちが何かを考えはじめるのは、むしろ人間関係や社会の問題である以前に、認知上の困惑や混乱、総じて、知的な驚きからはじまるのではないだろうか。

子どもの哲学の第一人者、ガース・マシューズ（Gareth B. Matthews）によれば、学童期以前から子どもは、哲学的な問題に関心を持ち始めるという。これは、子どもの哲学の実践家なら誰でもが知っていることである。そして、「私が個人的に調べてみたところでは、このように三歳から七歳くらいの子どもたちが、ごく自然に哲学の領域に足を踏み入れるのは、決して珍しいことではない」（マシューズ、1997: 6）という。そしてこの傾向は、学校に通い慣れる歳になると消えていってしまうという。「しかし、もう少し歳がいって、八、九歳ごろになると、こうした現象は稀になるか、あるいはほとんど報告されなくなる。これは、子どもは一旦学校に順応すると、「役に立つ」質問だけが期待されているのだと学ぶからではないだろうか」（同上、7）。

筆者の日本での経験では、哲学的質問は、「稀」や「ほとんど」になってしまうとまでは言えないが、確かに学年の進行とともに減少する。その代わりに、アメリカでの「役立つ」質問よりも、日本では人間関係に関する質問が圧倒的に増えていくように思われる。人間関係に関する質問が増えるのも、学校に行き出したからであり、日本の学校が児童生徒に何を望んでいるのかがわかるようである。

驚きや当惑が、思考を触発するというのは、思考とは、自分の予想や予感を超えた状況に直面して、それを何とか自分の理解の枠の収めようとする試みだからである。まず私たちは、その驚きの事態に直面すると、行動が停止する。私たちの日常的な行動は、一定の最終状態に到達するように組み立てられている。ある状況に対して、このように行動すれば、このような反応が返ってくるという環境のアフォーダンスの働きが理解されていて、その状況とのやりとりを通して、自分が望む最終状態に到達するように、私たちの日常生活は設定されている。人間が意図を持つことができるのは、環境と自分とのやり取りが、ある程度、固定されているからである。すなわち、行動と環境の関係が習慣化ないし慣習化され、予想可能だからである。へスティア的生活とはこのようなものであろう。こうした安定した設定の中で、私たちは何かを意図することができる。

しかし、驚いた時には、私たちは、その事態が何であり、それに対してどう振る舞えばよいかが分からなくなる。問いとは、このような驚きの状況に対する探究である。だから問いは、「いつ、どこで、誰が、何を（何が）、なぜ、どのように（いかにして）」という疑問形をとるだろう。

たとえば、私が誰かが突然に亡くなったことを聞いたとしよう。その人は、昨日、職場で会ったばかりの親しい同僚である。彼は心身ともに健康であった。私は激しく驚く。その最初の問いは、「いつ」、「どこで」、「どうして」であろう。その稲妻のような問いをぶつけると、相手からは、「昨晩、自宅近くの路上で交通事故に遭って、自動車に激しくはねられたのだ」という説明があった。この三つの問いには、一応、答えが得られたことになる。

最初の驚きは収まるが、私は呆然として、気分が沈み、行動が停止する。「気の毒に」という私の気持ちは、事故の瞬間の同僚の痛みや恐怖を想像すると同時に、彼の将来に思いが向く。彼が取り組んでいた直近の仕事や、彼の家族の今後、彼が楽しみにしていた友人たちとの旅行などが思い浮かび、そのすべてがもはや以前とは同じでなくなったことを理解する。ここで、喪失感や悔しさ、名残惜しさといった、未来につながるはずだったことがすべて断ち切られたことから生じる無念の感情が湧いてくる。

この感情から、加害者への怒りや非難、間接的に原因となった物事や人に対する帰責の念、ときに注意不足だった被害者本人への非難といった考えが浮かんでくるだろう。葬儀に出席している時には、「なぜ、こんなことになったのだ」という言葉が思い浮かぶ。しかし、この「なぜ」は、死亡の原因を尋ねているのではない。死亡原因は、衝突による身体への衝撃であることは、もう分かっている。この「なぜ」は、失われた未来への哀悼の表現である。

彼の存在しないこの世界は、あるべきではなかった。他の未来が実現さるべきだった。この気持ちが「なぜ」という言葉になる。その問いに対して、どうしてこの忌まわしい現在が生じてしまったのかと、さらに原因追求することには意味がない。そこには問いへの解答はない。そもそもそれは問いですらないからである。彼が実現すべきだった素晴らしい未来を想像するにつけ、彼のいない現在の世界はあるべきものではなく、世界が虚しく思われる。

「なぜ」は、あるべき目的や未来から現在を省みることによって生じる問いである。彼を失い、未来を思い描けないからこそ、なぜ彼は亡くなったのかという問いが出る。私は、自分の将来についても自問するようになる。彼と一緒に取り組むはずだった新しい仕事は、停止せざるを得ない。計画は振り出しに戻った。それ以前に、彼の家族をどう見舞い、どう見守ればよいのか。私は、自分が何をしたらよいかの整理がつかずに、再び、呆然とする。

このように、驚きの事態が生じた時に出る問いは、「これは何か」「いかにしてこうなったのか」「何をすればよいのか」である。これらと問いは、私たちを思考に導く。驚いた状況の只中で、「いつ」、「どこで」、「誰が」といった質問は思考を誘わない。それらの質問にすぐに答えられなくても、単に調べればすむからである。

調べれば良いだけなのは、それは問いの枠組みが決まっていて、揺るがないからである。たとえば、その同僚の交通事故の場所が「どこか」と問われたなら、地図上の位置か、この場所からの移動の道順か、いずれにせよ相手の問いの文脈さえわかれば、いかなる答えを与えれば質問者が満足するかは、明らかである。その同僚とは「誰か」と問われた場合にも、どのように答えればよいかは、たとえば、警察などの調査か、自分の知り合いへの説明かなどの文脈に依存している。とは言え、その質問の意味に思考を巡らす必要はない。時間についてであれば、なおさら質問の枠組みの幅は狭い。時間を指摘するクロノス的な枠組みは、世界で一つに統一されている。

驚きの事態が生じた時に出る「これは何か」という問いは、その事態を理解する枠組みを問うている。たとえば、「これ（彼の死）は何だ」という問いは、その死が何を意味しているのか、すなわち、周囲に何をもたらすのかを知りたく思っているのである。「いかにして（どうして）こうなったのか」という問いは、その事態が生じた原因を問題にしている。因果関係の系列の中にその出来事を埋め込みたいのである。

最後の「何をすべきか」は、これからどのような行為を行うか、その目的（最終状態）を問題にしていると同時に、「何もしなくてよい」場合もあるので、何かを行うかどうかも問題にしている。こうした中で、「なぜ」という問いは、上で述べたように、あるべき未来からの現状のズレを問うている。「家族との楽しい生活」というあるべき未来から見て、現在の状態が、その未来の道筋から外れているのである。

「なぜ」という問いは、こうして原因を問う場合にも、目的を問う場合にも持ちられる言葉である。前者の場合には「いかにして」「どのようにして」と言い換えることもできるだろう。これに対して、目的を問う「なぜ」は、「何のために」と言い換えることができる。この二つの問いは、子どもにおいても大人においてもしばしば混同される。そして、誤った問いへと変換されてしまうことさえある。

なぜ彼は亡くなったのかという問いによって、その原因を尋ねるのではなく、その目的を尋ねることは混乱であり、カテゴリーミステイクである。その「なぜ」という問いは、「彼の死とは何か」という彼のその事態が意味するもの、その事態がもたらすものを尋ねるのと同じ問いのはずである。しかし、「なぜ」の問いは、あたかも彼の死が何かの目的のために生じたかのように問われてしまっている。それゆえに、混乱した問いなのである。私たちは、現在の事態を、それをもたらした過去と結びつけ、その事態がもたらす未来の変化と結びつけ、自分たちが設定する一定の目的と結びつけようとする。これらが、私たちの問うという行為の源泉である。

原因は、現在の事態を過去の事態から因果関係の流れの中に位置づけることである。意味とは、一つ目には、ある対象や事態を、類似の集合へと分類することである。意味とは、二つ目には、現在の事態が、現在と未来に及ぼす影響、すなわち、因果関係を知ることである。これに対して、将来実現すべき目的との関連の中に現在の事態を位置づけるのが「なぜ」である。

過去に生じた因果関係のなかに法則性を見出すことができれば、同じような出来事から同じような出来事が生じることが予測できる。因果の法則性によって、私たちは未来の一部を予測できるようになる。そして、そうした反復的な世界において私たちは習慣を作ることが可能になり、自分の意図をその予測に基づいて形成することができる。「なぜ」は、その意図を導く目的、すなわち、良き最終状態、言い換えれば、価値をもとめる問いである。現在の状態を、その目的に至る行為と因果関係の関連の道筋の中に位置づけることである。上で例として挙げた同僚の死は、価値ある目的への道筋を壊してしまう出来事である。そこで、私たちは、「なぜ」という問いの形をした嘆きの言葉を発するのである。

再び、「なぜ」と「何」という問いについて——宇宙的再現

前著『人は語り続けるとき、考えていない』（河野、2019）では、哲学の伝統的な問いである「とは何か」と「なぜか」について、それらがどういう問いであるかを論じた。この二つは、前者は、

存在をどのように分類するのかに関わるので、「オントロジカル（存在論的）な問い」、後者は、物事が成立する根拠を問うので、「根拠の問い」と呼ばれる。

「とは何か」という問いは、論理的に言えば、包含関係と限定とに関係している。たとえば、「大学とは何か」という問いに対して、「高等教育機関である」といった解答がなされる。「大学」とは、「教育機関」という大きな集合の一部、部分集合であり、他の機関と区別される「高等」という特徴が付加されて限定される。分類が私たちにとって重要なのは、その分類には、区分のための一貫した視点が与えられているからである。何かをあるグループに分類するということは、そのグループに対する共通の視線、判断、態度、扱い方が、その対象にも有効であると認めることである。

従来、対象を分類するには、以下の三つの規則を満たす必要があると言われてきた。すなわち、（1）区分する視点の一貫性、（2）区分肢の排他性、（3）区分肢の網羅性である。しかし人間の分類には、実際には多様な視点が入り混じりあい、時に矛盾したり、重複していたりする。また、どの分類も完全に網羅的にできておらず、しばしば抜け落ちが生じている。区分の階層性もしばしば混乱している。

「とは何か」という問いは、世界を一貫した人間の秩序のもとに配置しようとする意図をもって問われる。しかし、そうした完全な分類は、原理的に不可能である。完全な分類が不可能である理由は、人間の世界への関心が、上で言う「視線」が、一貫していないからである。「どこ」や「いつ」と問う場合には、それを問うた人と答える人とは、解答のための同じ基準を共有しており、ほとんどの場合に、質問者は解答に満足する。解答者が答えられなかった場合でも、質問者は答えを与える基準を解答者と共有していることを感じる。時間と空間を共通して測る尺度は、もう人類に与えられているのだ。

しかし、「何か」の場合にはそうではない。同じひとりのなかでさえも、ある対象や出来事に複数の関心を持ち、それらは変容し、しばしば一貫していない。複数の人間の間であれば、なおさらである。ある対象が「何であるか」を確定したいという問いは、世界も自分も固定させて、揺れ動かない一貫した存在であってほしいという願望の表現である。それは同時に、その世界の一貫性を他者と共有し、その他者との関係も固定的であってほしいという願望に基づいているのである。

だが実際には、世界も自己も他者も揺れ動き、そこへの関心や視点もまた揺れ動いている。「とは何か」を支える唯一の確かな基準は与えられないのは、人間の対象や出来事のへの関心が多様であり、変容するからである。いわば、ゲームの定義やルールがある出来事で変容してしまう子どもの遊びのように、あるいは、デュシャンの「泉」のように、「とは何か」という問いが、境界や領域をしばしば超え出てしまうのである。「とは何か」という問いは、人間の矛盾した情念に支えられており、そこでは、変容する自己、変容しようとする自己と、一貫した同一性を維持しようとする自己とが葛藤している。

もうひとつの「なぜか」という根拠の問いは、事象が生じる理由を聞いている。「なぜ」という問いを掘り下げていくのが哲学だと言われる。先に述べたように、事象が生じる原因と理由とは区別される。理由とは、通常、目的に関係している。近代以前には自然物も目的を持って動いていると信じられていたが、近代以降の科学的自然観では、自然現象には目的はないと考えられるようになった。自然は、因果法則に従って動く時計のようなものととらえられるようになったのだ。しかし、子どもは、自然現象にも、人間の引き起こした事象にも、等しく「なぜ」と尋ねてくる。「なぜ、宇宙はあるのか」「なぜ、時間は流れるのか」「なぜ、人間はあるのか」といった問いは、幼い子どもの定番の問いである。これは、宇宙の存在、時間の流動、人類の存在という不思議な現象への驚きを前にして発せられた問いである。

これらは、「いかにして」という原因への問いと、「なぜ」という理由の問いが不純に混交したものなのだろうか。しかし、歴史を鑑みてみれば、私たち現代人の原因の概念こそが、かなり狭くなってしまったとも言えるのだ。古代ギリシャの哲学者、アリストテレスは、自然の変化を説明する原因として、「質料因 material cause」（そのものがどのような材料でできているか）、「形相因 formal cause」（そのものをその種類のものたらしめている本質）、「動力因 efficient cause」（そのものを動かす力）、「目的因 final cause」（そのものがどのような目的や目標をもっているか）の四つをあげていた。

デカルトやニュートンに発する近代科学の枠組では、あらゆる原因が動力因に限定されるようになった。動力因以外の原因は、自然界には存在しないとされるのである。質料因はともかく、近代科学では、形相因や目的因は全く認められなくなった。形相（eidos, 英語で form）とは、「ものをまさにそのものたらしめるもの」のことを意味する。たとえば、「家」の形相とは、その定義にかなった機能や構造や形式のことを指し、それは素材（質料）を組み合わせることによって実現する。また、その形相は、建築という行為が達成すべき目的でもあるから、形相因と目的因は非常に密接な関係にある。

形相因とは、「何であるか」という定義をなす形相がそのまま、なぜ生じるかという原因であるということである。すなわち、ある存在そのものをその種類のものたらしめている本質が、そのものがそのものたりうる原因ともなっていると言うのである。これは、自分自身に秩序と形を与える自己生成の原理、あるいは自己組織化の原理だと解釈してもよいだろう。こう考えるならば、「なぜ」という問いと、「何か」という問いは、実は、それほど離れてはいないのかもしれない。それはどちらの問いも、あるものが自己生成するための条件を探していると言えるからである。

さらに、自己生成の原理は、人間の意図の形成とも密接に関係している。意図とは、私見によれば、以前の著作（河野、2005: 第5章）で論じたように、さまざまな身体的な諸活動を起動させる最初の心理的動力ではありえず、それらの諸活動が相互に制限しあうように一定の組織性や構造性をもたらすことだからである。この意味において、意図は行為の形相因なのである。

だが、「なぜ」という問いは、必然性と偶然性の問題にも関わっている。私たちがある事象がなぜ生じたのかを知りたいときには、「なぜ、この事象がそのように起こり、他のようではなかったのか」と問いたいのである。どんな事象に関しても、なぜ他の事象ではなくその事象が生じるのか、あるいは、なぜ他の事物ではなくその事物が存在するのか。このことを説明する理由がなければならない。

これは、哲学の専門用語では充足理由律と呼ばれる。充足理由律は、すべての結果には、そうなる必然的な原因がある、すなわち、無から有は生じないという信念に基づいた原則である。しかし、果たして宇宙はそのように必然的な成り立ちによって、できているのだろうか。世界は根源的な偶然に晒されているのではないだろうか。世界を創造した神がいるとすれば、世界はいくらでも別様に作れたはずである。神に必然性を求めても無駄である。神は絶対的に自由であり、世界を作ることも作らないこともできたはずだからである。

充足理由律は、世界の偶然性を恐れ、必然性を求める気持ちの表現である。こうして、なぜという問いは、事象や事物が成立している存在根拠とその必然性を見出したいのである。

だが一方で、なぜという問いには、世界が、自分が、別の仕方でもありえたという潜在性についての意識が表現されてもいる。その問いには、世界と自分を確かな必然性の中に位置づけたいという欲求と、世界が別のように実現されて欲しかった、あるいは現在の世界から自由でありたいという矛盾した欲求が同時に編み込まれている。世界に対する驚きとは、世界が、自分がこれまで思い込んできたものとは別の仕方でありうることの気づきである。子どもにおける変身と模倣、制作の欲求は、別の仕方で存在しうる自己と世界を創成しようとする欲求である。こうして変身と模倣、制作は、世界を遊ぶことなのである。

子どもは矛盾の中に生きている。自分が世界の一部としてあり、その中に組み込まれていること、世界の条件に不条理にも従わせられていること。すなわち、世界の中に生存していること。だが他方で、自分とは異なるものに変身できること、自分が世界を作れること、あるいは、世界を真似できること。すなわち、遊ぶこと。子どもたちは、ルールが定められた出来合いゲームの中で生きることと、自由に遊戯すること、すなわち、変身し、世界を破壊し、再び制作することの間で揺れている存在なのである。

その矛盾を総合できるのは、現行のゲームを変えること、新しい規則のゲームを作ることにおいてである。それは、世界をもう一度、いや、何度でも作り直そうとする気持ち、すなわち、世界への愛から、世界への問いを生み出し、その問いを追求する態度である。

子どもの生存と遊びのなかから、「何か」と「なぜ」いう問いは生まれてくる。「何か」と「なぜ」は、自己生成の欲求の表現であり、またそれは別の仕方で存在する世界の創造の欲求の表現である。さまざまな自己生成が可能であるにもかかわらず、あえてこの世界を再現しようとすることは、創造ではなく、認識の欲求に基づいている。すなわち真理への欲求は、世界を再現する、同じものを再度作り上げることの欲求だということになるだろう。真理を欲することは、したがって、世界と自己に関する自己肯定的、保守的、自己再現的な欲求と言えるであろう。

しかし、もし「何か」と「なぜ」の問いに完全に答えられたとしたなら、どうなるだろうか。それは、真理が得られた状態である。世界のあらゆるものはきれいに分類されることになる。また、すべての行為は究極的な目的との関係でゆるぎない地位を得ることになる。その世界には隙や間がなくなり、静態した秩序が支配している。もし仮に究極の分類と究極の目的が解として与えられたとすると、世界は止まったことになる。生きることとは、その明確に定まった世界に機械的に埋め込まれることであり、その秩序を制御する諸々の技術の集合にすぎないものとなる。

真理の探究は、世界を制御する技術となって停止し、そこにはもはや探究はない。探究とは、認識を通じてより自由になる旅だからである。したがって、じつは、探究的活動と真理の獲得とは、矛盾するのではないだろうか。後者は留まることであり、前者は旅なのだから。終着点に到着することは旅の終わりである。探究の目的は、終着点に到達することではなく、旅を続けることであり、新しい問いを見つけることなのである。それは、新しい驚きをみつけることでもあり、世界と別の形で邂逅することである。

私たちはどうすれば無知であり続けられるか

以上のことを考えた時に、ソクラテスが市民と行った哲学対話は、非常に興味深いものに映る。よく知られているように、ソクラテスは、アテネの街で若者やソフィストに議論を吹きかけ、対話を通して彼らが知識と呼んでいるものを吟味し、本当は彼らが、その知識の根本について何も分かっていなかったことに気づかせていく（プラトン、2012）。

ソフィストとは、弁論術や政治、法律などの専門知をもった職業的な教育者のことである。哲学対話は、彼らが真理と信じていること、知識と信じていることを吟味し、自らの無知を自覚するように誘う活動である。その中でソクラテスは、自分自身も、何も確かなことを得られていない無知な人間であるが、そのことを自覚しているという一点でのみ知者と言えるのだと気が付くのである。

ソクラテスの問答とは、自己肯定的・保守的・自己再現的になってしまう真理の獲得を破産させ、何かを無心しつづける状態（「強請ること」）に回帰させようとする運動なのではないだろうか。ソクラテスの「無知の自覚」（「無知の知」とも呼ばれている）について、以下に再び考えてみよう。

ソクラテスは、政治家、詩人、手工者、ソフィストなどのさまざまな人々を訪問しては、自分は何もわかっていないので教えて欲しいと懇願し、対話を繰り返す。ソクラテスは彼らとの問答を通して、じつは誰も真理に到達していないことが明らかにする。ソクラテスは、知識とされるものを、皮肉によって茶化し、高度とされる知識の序列をひっくり返し、さまざまな既存の価値を格下げしてしまう。そして、ソクラテスは、もし自分が神託の通りに自分がもっとも賢い者だとすれば、それは他の者と異なり、自分だけが無知を自覚しているからだと悟る。これが「無知の自覚」と呼ばれる話である。

このソクラテスの自覚が示すことは何であろうか。無知を自覚することには、いかなる意味があるのだろうか。何もわかっていない、真理に到達していないという点では、ソクラテスもソフィストたちも変わらない。では、それを自覚することと、自覚しないことにはどのような違いがあるのだろうか。筆者は、以前の著作で、これには二つの解釈があると述べた（河野、2019：第1章）。

ひとつは、ソクラテスが言いたかったのは「知的探求には終わりがなく、慢心せずに真理を目指して探求を続けるべきだ」とする解釈である。無知の自覚とは、現在のあらゆる知識は不完全であり、仮説に過ぎないことの自覚である。したがって、私たちは現在の知を批判的に乗り越えながら、より発達した知の段階へと歩を進めるべきだ。こうした姿勢を示したのがソクラテスだったというのである。この解釈によれば、ソクラテスは、ソフィストたちが到達できなかった真の究極の知識に至るように若者たちを導こうとしたことになる。

しかし、もしそうであるなら、ソクラテスは、探究に終着点、すなわち、究極的には真理に到着できると考えられていたのだろうか。それとも、彼は、探究に終着点などなく、探究はついに失敗に終わると考えていたのだろうか。

時間という観点で見れば、前者の考えはクロノス的である。自分で手繰り寄せる必要があるとは言え、終着点がある。その終着点から現在の価値が決められるだろう。終着点が最終的にあるならば、各時間の時点での価値は、その終着点から逆算して一意に測れるはずである。しかし、後者であるならば、知的探究が、永遠に続くアイオーンであること、終わりのない旅であるということになるだろう。私たちは、どこかに到着することなどできない。

したがって、究極の問いに解答できる真理というものはなく、その時々で真理とされたものとともに、生きていくしかない。それは、完全な美を表現した完成した芸術などはなく、その時々で、制作された美術とともに生きていくことになる芸術的探究に近いものになる。旅の新しい出会いの中で、過去の場所は意味を変えていく。自己はその旅の中で変容していく。真理とは問いへの解答であった。ある問いに対する解答が、別の問いであったら、どうであろうか。探究がどこにも到着しない旅であるとする考えでは、真理は最終地点にあるのではなく（それはないのだから）、探究の過程の中で、カイロス的瞬間において、新しい問いが生まれ、これまでの問いから解放される点にあるのではないだろうか。真理とは自分の問いへの答えである。その答えとは別の問いであり、別の問いを追う別の人生なのである。真理は、これまでの問いに閉じ込められた状態から、自己が質的に変容して別の問いが降臨し、別の探究を開始するその瞬間として真理は到来するのである。つまり、真理とは、変身である。

無知の自覚とは、単に問いに答えられないということではなく、常に新しい問いが到来することを言っている。探究とは真理に到達することが目的なのではなく、ある問いを追求する過程で現れてくる、別のさらに深い問いを見出すことにこそ目的があるのではないだろうか。無知の自覚とは、そうした新たな問いの発見を逃さないということである。

ソフィストは、過去から受け継がれた知識とされるものを伝達することで、若者を教育し発達させようとした。ソフィストたちの知識を切り崩すことによってソクラテスは何をしたかったのだろうか。

ソクラテスが行っていたことが、今述べたように、別の問いへと人々を差し向けることであれば、ソクラテスが行ったのは、非知に至ろうとする反教育なのである。ここで、反教育というのは、これまでの知識を浄化（カタルシス）する教育、いわば、脱学習（アンラーニング）の教育のことである。それは、人間は自らの知識を捨てなければならないという考え方である。それは、逆説的に心を貧しくすることである。

ここでいう心の貧しさとは、通常の意味でいうところの、自分の意見に固執するが故の視野の狭さ、他者への無理解や不寛容や利己心が強いということは全く意味が違う。むしろその反対である。それは、私たちが日本語で無心という言葉で表現している状態である。すなわち、何も欲せず、何も知ることがなく、何も持つことがないという状態である。それは、自分にアイデンティティをあたえるものを一切放棄するということである。知識によって満たされたり、それを所有しようと渇望したりすることを投げ捨てる、浄化するという状態である。

ここで注意しなければならないのは、脱学習あるいは知の浄化で忘れ去られるべきは、知識そのものであるよりも、知っているという自己認識である。無知の自覚において行うべきは、知識そのものを捨てるというよりは、知っているという意識を放擲することである。それは所有しているという意識の放棄である。進歩、発展、成長の概念には、一般的に、方向性、克服、蓄積といった意味を含んでいる。進歩とは、過去に人々が達成したことの延長と継続であり、それは過去を所有し続けることによって成り立つ。この進歩の過程は、文化、文明、そしてときに歴史と呼ばれてきた。

だが、この社会の進歩、集合的な進歩という考えが、排除的で閉鎖的な権威を生み出す源泉なのである。現代社会は、すべて教育の場のようである。現代社会で人はつねに何かを学ばなくてはならないとされる。学ぶべき情報があり、モデルにすべき人々がいる。哲学者であり、文明批評科であるイヴァン・イリイチ（1977）がすでに以前に指摘したように、現代社会はおよそ「学校化」されている。

ソクラテスの目指したことは、自分の所有するもの、自分のアイデンティティから自由になること、普段に全てを放棄して、自己を常に軽い状態にしておくこと、そして新しい問いとともに、新しい探求に向うことである。それは、最終的に、自我の放棄なのであり、放下であり、無心となることである。それは、心を開くことである。何かを新しく受け取るためには、自分を空にする必要がある。今、この瞬間に集中するためには、知っていること、わかっていると信じていることを手放す必要がある。それは、繰り返すが、変身である。

こうして、アンラーニングとは、自分をいつも何も持たないでいる状態に置き直す態度である。それは、時間で表現ならば、クロノス的平坦からは遠く、カイロス的啓示だけでは足りず、多型的反復であるリズムとして現れる真理である。

ソクラテスは、もちろん、あらゆる知識が無効だと言ったわけではない。対話相手が身に付けた航海術、建築術、測量術、医術、詩作などの技術知に関して、ソクラテスは、それらが無用だと否定しているわけではない。しかしその技術知の専門家たちがわかっていないのは、それらの技術が奉仕するはずの人間の最終目的であり、最終的な価値である。それを善と呼ぶことができるが、善が何であるか、専門家たちは誰も知らなかったのである。

あらゆる技術は、何か善きものに奉仕することで、はじめて価値を得ることができるだろう。それがわからないのでは、専門家たちは何をやっているのか、自分たちの技術をどう使えばよいのかわからないことになる。専門家たちがバラバラに自分たちの技術を推し進めるのならば、専門家のエゴに引きずられ、社会全体の統合性が失われてしまうだろう。

ソクラテスの対話は、シンクリスとアナクリスという二つの基本的な方法で進行すると言われる。シンクリスとは、ひとつの対象についてのさまざまな見方を対比することである。アナクリスとは、対話の相手の言葉を導き出し、その帰趨を最後まで言い切らせてしまうことである。自分の意見を他の意見との間で相対化させ、演繹によってその最終的な帰結を自覚させるのである。シンクリスによって、対話者は自分の考えがあり得る選択肢のひとつでしかないことを知り、アナクリスによって、自分の考えを突き詰めていけば、重大な問題や矛盾が生じることを自覚する。いわば、シンクリスによって自分が何であるのかを知り、アナクリスによって自己の運命を知るのである。これによってソクラテスと対話するものは、自分の専門知を推し進めることが悲劇に終わってしまうことを知らしめるのである。

専門知は、人間の可能性を開拓しようとする。知が本質的に分けることであり、分離と断片化を伴わざるを得ないなら、全体性の回復は知によっては得られない。知の進展は、いま述べた悲劇と同じ行程である。

それに対して、開発された能力を、別の言葉で言えばその人の可能性を、潜在性への巻き戻そうとするのがソクラテスの対話だったのではないだろうか。それは、専門の能力へと、専門の分野へと分断されてしまった人間性を、全体性へと帰還させようとする運動である。人間が可能性の集合とみなされたときには、現在のそれぞれの専門家の集合が人間社会と見做されるということと同じである。「できること」の集合に人間が還元された時に見失われるのは、究極の価値であり、かつ人間の形相因である善きことである。

リズムに現れるアイオーン

無知の自覚には二つの解釈が可能であった。ひとつは、真理を終わりなく探求することを説いたという説である。二つ目は、知を浄化することを説いたとする説である。対話に関して言えば、前者にとってソクラテスの対話は知の探求の過程である。複数の人間で一つのテーマについての解明を目指す。後者にとっては、対話は、知を相互に脱学習することに目的がある。前者では、社会で継承されている知識の枠組を否定しない、あるいは、重んじる傾向にあるだろう。教育においては、教師と教育上の権威は、子どもたちを彼らが身につけた過去の知識やスキルで評価する。

後者では、個々の生における創造性に重きをおき、その創造性の発露は、他の人によっても、自分自身によっても継承される必要はないと考えるようになるだろう。もし音楽で喩えるならば、前者は、これまで他の人が歌ってきたメロディーを受け継いで歌い続けることであるなら、後者は、他のリズムを最初から打ち直すことだといえるだろう。

矢野智司が指摘するように、子どもは、ワンワン、ニャンニャン、ドンドンなどといったリズミカルなオノマトペ（擬音語）を多用する。「オノマトペは、子どもが無生物・植物・虫類・動物と出会った瞬間の生命感を、メタファーとリズムによって表現したものなのだ」（矢野、2006: 31）。子どもは同じことを繰り返しながら遊ぶ。一見、同じように思われるその遊びは、実は、一回一回、一期一会の意味をその場で生成する活動なのである。矢野はこのように書いている。

子どもは何度でもくりかえして同じ遊びに没頭する。いったいなぜ子どもは同じ遊びをくりかえしくりかえし楽しむことができるのだろうか。それは何度もくりかえされる同じ遊びは、モデルをもつコピーの反復ではなく、それぞれが相似しつつ無数に系列を作りだす創造の反復だからである（矢野、2006: 95）。

「相似しつつ無数に系列を作りだす創造の反復」こそが、リズムである。ソクラテスが目指していたのは、生の一部を手段化する技術に拘泥せずに、各々人生が、その瞬間瞬間において善き生を実現することだったのではないだろうか。アイオーンという時間は、こうした瞬間の連続としての永遠なのではないだろうか。何かの文化を継承することで、私たちは自分自身がその文化伝達の手段のような生を生きてしまう。それを脱学習して、ひとつひとつの人生の瞬間において、子どものように生の充溢を反復することが真理であると考えたのではなかったか。ソクラテスは、知識の進歩や発展を拒否して、知とは永遠の始まりを生きることだと主張したかったのである。

知的探求に終わりがない。このことは、単に「学問は長し、人生は短し」という意味ではなく、人間の文化文明には、蓄積される発展も進歩もなく、ただ新しい始まりだけがあり、定まった方向性のない変化だけがあるということを意味しているのではないだろうか。問いを探求して答えを求めれば、別の問いに変換される。その新しい始まりこそが、真理、すなわち、問いへの答えである。自己の変容の兆しは、新しい問いの中に現れる。探究とは真理に到達し、それを所有しようとする単なる移動ではなく、新しい問い、新しい驚きを見出そうとする旅なのである。

実を言えば、第一の態度を取り、これまでを超えるような新しい知の探究をしようと思えば、すなわち、本当の真理を得ようと思うならば、第二の態度を取る必要性、すなわち、これまでの継承された知識や技術、その枠組みをやはり一旦、全て忘れてしまう必要がある。結局、創造的な生を生きるには、いずれにせよ、脱学習が必要なのである。もし技術に価値があるとするならば、それは、自分を変容させ、別の存在に接近させ、他の技術を相対化することにあるはずである。

自らの無知に気がつくのは、なぜ賢さであるのか。私は電車で出会う人の名前を知らない。知らないことを何とも思っていない。自分が無知であるとすら思っていない。それは、その人に関心がないからである。自分が、その人について無知であったと気がつくのは、その人は誰だろう、どういう人だろうと問いを持ったからである。

そうした問いをもつようになるのは、その人に、関心を持つようになったからである。言い換えれば、対象への愛が、問いと知への欲求を呼び込み、自らの無知を自覚させるのである。子どもが、「これは何か」「なぜ、こうあるのだろうか」という哲学的な問いを持つのは、世界を愛し、その物事を制作者の視点で捉えようとするからである。自分が世界の享受者から、制作者へと視点を動かしたときにこそ、問いが生じてくる。

これが、驚きであり、センス・オブ・ワンダーである。世界に驚き、これを作り出したいという愛の欲望が問いを生み出し、真理を求めるのである。しかし、真理の探究は、同じものを再現する自己肯定的・保守的・再現的な態度にとどまることはできない。探究は、他者の作った探究の継承によってではなく、遊びに没頭し、次々に他の存在に取り憑かれ、物を作っては壊し、また作り続けるリズミカルな生の鼓動によって表現される。これが、多型的反復としてのリズムと筆者が呼ぶものである。ここでは、永遠の流れであるアイオーンが、リズムとして表現されている。

子どもとはそのようなリズミカルな存在である。子どもであり続けること、いや、むしろ、自分の子ども性を養い、豊かに発展させることが、探究の本質である。そして、それこそが哲学の、芸術の、そして科学の根幹でもある。子ども性とは、大人に成長する過程で乗り越えられるべきものではまったくない。その逆である。教育とは、子どもを大人へと置き換えることでは断じてなく、生活が技術的になっていく過程を生きていく子どもに対して、その子ども性を、すなわち、世界への愛をどこまでも維持し、それを押し広げてゆく手助けをすることである。

教育とは、人々が忍従しているばかりの思考の型と行為の型、すなわち、慣習を破壊し、人々を幼児へと生まれ変わるように促す方法のことなのだ。それは、子どもであり続けるアート（技）である。それは、多様な技を獲得することによって、自分を別の存在へと変容させ、さらに別の技によってもっと別の存在へと変身していく術を知るという高次のアートなのである。

真理の探究とは、世界をもう一度、いや、何度でも、別の形でも作り上げようとする気持ちである。真理の探究は、別の世界を作り出すという創造へと向かう。それは、世界に驚き、それを愛するがゆえに、知ろうと欲し、問いを生み出し、その問いへの答え、すなわち、新しい問いを「それぞれが相似しつつ無数に系列を作りだす創造の反復」として出し続ける態度である。

こうして真理を求める者とは、世界を破壊し創造する神的性質を持った者である。それは、どこまでも無知でありつづける子どもなのであり、自らを幼児へと生まれ変わらせる者のことである。無知でありつづけるためには、問いに解答を与えるのではなく、さらに別の問いに自分を晒さねばならない。それは、変身することであり、新しい生命を産み出す「何か素晴らしいこと something wonderful」なのである。

ソクラテスの対話とは、自分の考えや行為の前提の問い直しである。それは、それまでの考えや行為を生み出してきた問いの形を変えることであり、別の問いを立てることによって以前の問いから解放されることである。それは、自分を縛っていた頸城から自由となることであり、発想が豊かになり、賢くなることである。

真理とは、自分の問いに対する答えなのだから、自分の前提（自分で真理と見做しているもの）を問い直すということは、自らに向けられていた問いを別の問いにするということである。

多くの人が持ちうる問いもあるだろう。しかし、正しい問いとは、個々人が賢くなるための問いである。他人の問いが自分の問いとして引き受けられるかは、その問いの種類次第であり、自分の人生の航路次第なのである。賢者は問いを創造し続ける。それは賢者においては、子どもにおけるように、世界への愛が止まらないからである。そうした態度は、世界を所有して、世界と自分の人生を終わらせようとしない。問いのある生だけが、すなわち、世界への愛のある人生だけが、生きるに値する生である。

第Ⅱ部　子ども性と教育の社会

第六章　科学、技術、民主主義

第Ⅱ部では、第Ⅰ部の子ども性、遊戯、時間、対話についての議論を踏まえながら、現代社会における教育の諸問題、すなわち、科学技術、教育の平等、シティズンシップと道徳教育について考察をしていこう。そのいずれにおいても、重要な転回のための発想として、児童期への回帰、そしてそのための対話が必要であることを示せるだろう。

知識を所有すること

哲学者であり心理学者である、エーリッヒ・フロム（Erich Seligmann Fromm）は、人間の基本的な実存の仕方を「持つ（所有する）」ことと、「ある（存在する）」ことに分けて、現代社会の根本的な問題点は「持つ」ことが優位になってしまったことにあると指摘している。

学習することが「持つ」様式で捉えられた場合、それは知識を所有することを目指し、学んだことを記録し、保存して固守するようになる（フロム、2020: 51-54）。そうした人たちにとって、自分が所有している知識が危うくなってしまう創造という活動は不安を引き起こす。

それに対して世界と「ある」という形で結びついている者は、学びを受け入れて、世界の変化に反応し、それによって自分を変化させていく。

会話においても、所有に取り憑かれた者は、自分の意見を変えようとしない。それは、自分の考えを所有物のようにみなしており、それを変えることは何かを失うことだと思うだからである（同上、58-60）。他方、会話のなかに「あろう」とする者は、その会話の流れに自発的・生産的に反応する。それは、その人が自分の自我に囚われていないからである。新しい観念を生み出すことができるのは、過去の自分の考えを捨てることができるからである。

読書においても同様である（同上、60-62）。持とうする者は、知識を蓄えるため、財産でも作るかのように本を読んではその内容を保存しようとする。しかしあろうとする者は、ある本の中に書かれている当時の常識や社会通念から、その著者が新しく述べようとしたこと、すなわち、自分の実存を込めた主張を区別しようとする。そうして、その著者と対話をしながら、共に問いに取り組もうとするのである。

そして、先の章で論じたように、他者もついて「わかる」「わからない」と考えるのも、他者を所有しようとする様式である。他者をわかるのではなく、他者という存在と共にあること、他者と共在すること、これは、自分が他者とともにあること、他者が自分と共にあることを望む態度の反映である。誰とでもともにあることを実現しようとすることが、インクルージョンと呼ばれる社会のあり方なのである。

以前の著作で論じたが、所有とは、対象を自由に制御でき、自由に処分できるということである（河野、2006: 第5章）。所有は、物を制御する行為に集中し、その上で、そのあらためてその行為の結果を自己に帰属させようとする運動である。こうして、所有を通して、自己の制御できる範囲を広げ、自己が支配できる範囲を確定してゆく。

同時に、所有には他人との関係も含まれている。自分の物を制御する能力が他人の能力によって境界づけられ、制限されることではじめて所有と呼ばれるようになる。所有への情熱は、他人と相互に限定しあう競争関係から生じる。私たちは、こうして、自分の所有物が大きくなり栄えれば得意になり、小さくなり減弱すれば落胆する。その気持ちには他者への優越感が含まれている。

所有には、永続性への願望が含まれている。人間は何かを制御できずには生きていけない。しかし、変容する世界の中では、その対象の制御はいつもうまくいくとは限らない。自分を調整して、対象や環境に適応することで、はじめて制御が成功する。とはいえ、それも常に確実に成功するとは限らない。所有物は、その物が安定して手元にあることによって、制御に関わる不確実性を縮減してくれる。所有物は、世界の中にあって自己に奉仕してくれる物たちである。私たちは、所有物を維持し、保存することによって、自分の制御する能力を安定させ、自分の生命を存続することができる。所有は、生活をルーティン化し、習慣化することを可能にしてくれる。所有する人たちは、こうして現在の環境への注意から、過去の想起と未来への気づかいへと気持ちを移していく。

所有することとは、世界の一隅に、世界の変容から逃れることのできる、安心できる場所を確保することである。そうして、私たちは世界の変容とそれによって生じる自分の死から目を逸らすことができる。私たちは、自分の命よりも永続する物に自分の名前を刻み、擬似的に、自分の命を永続させようとさえする。これが、アーレントのいう「仕事」である。しかしながら、所有物も永遠に存続することはない。所有によって死を逃れることは幻想である。

所有という様式は、人間関係を制度化しようとする。本来、人間関係は、複雑で流動的で、制御が難しい。それを、権力や権威を用いて制度に沿って動くものに差し替えることができれば、個人の能力で人間関係を制御できるようになる。社会のなかで立場や役割が与えられれば、その制御はやりやすくなる。個々人同士の交換行為であった取引が、社会の中で制度化されれば、習慣的に交換を行えるようになり、それぞれが代わる替わるその場を制御できるであろう。

知識も、人間の所有欲に応じるものであるかもしれない。私たちは、知識という名前の世界のミニチュアを作り、それを所有しようとする。所有するということは、収集しようとすることでもある。収集することは、社会秩序を維持することである。あまつさえ、人間は脳内に世界の表象を作るのだと主張して、私たちが脳内で世界を所有できるかのような主張をする心理学者や認知科学者がいる。しかし、実際には世界は脳の外にあり、世界を所有できるというのは幻想である。

ソクラテスにおいて無知を自覚するとは、知識を所有しようとする態度を止めること、あるいは、知識を所有できるものとみなすことを止めることである。知識を所有物のように扱うならば、先に触れたように、パウロ・フレイレが厳しく退ける銀行型教育を子どもに施すようになるだろう。あたかも教育とは、子どもにおいて預金額を増やすように、知識を蓄えさせることだと捉えるのが、銀行型教育の考え方である。銀行型教育は、所有欲を駆動力としている。

それは収集する欲望であり、いまよりももっと集めたい、もっと増やしたいという欲望に基づいている。それは現行の社会秩序の枠組みを維持しながら、それを拡大しようとする欲望である。そうして教育は社会を同じままにとどまらせ、これまでに有利だった層の人々の特権を保全してしまう。現状のまま、他者を下に従えて自分の立場を保持したいと考える人々、とりわけ、世界の中に「ある」ことができずに、根本的には自分の存在に虚しさを覚えている人々の一部は、ますます銀行型教育の重要性を説くであろう。

そして、最終的には、私とは、私が所有するものであるとなり、私の所有物が私自身となっていく。記憶した知識が自分の知性となり、私が所有する財産が私の権力であり、私の所有する立場が私の権威となる。こうして、自分自身が所有物の集積となる。知識と能力という所有物を付与することが教育となり、人間の存在はそれに還元される。

それに対して、「ある」という様式は、世界に生きようとする。世界に出会い、他者に出会い、その変容を受け入れ、自己も変容しようとする。そのようにして生きようとする者が、「ある」様式で生きようとする者である。そうした者は、対象を所有して、自分の周りに配置し、世界に習慣的に住もうとはしない。センス・オブ・ワンダーを期待しながら世界と新たに邂逅しようとし、世界の変転に応じて生き、物と生き物と人間に直接に出会おうとする。

世界の中にあろうとする人は、世界の変転のなかに自己の死も含まれていることを、むしろ安心の念をもって受け入れている。自分が生きようが死のうが、それとは無関係に世界が存続し、他者が生き続けることに、すなわち、世界や他者が自分から根本的に切り離されていることに対して、心底からの安心立命を見出し、深い満足を覚えるからである。なぜなら、世界と切り離されているからこそ、私たちは世界を愛せるからである。世界をこれ以上愛せなくなる自分の死は悲しいことである。しかし、私の愛している世界は存続している。

こうした生き方が世界に「ある」ということである。それは、子ども性を維持し、養うことのできている大人の取れる態度である。所有に執着することは、習慣に執着することであり、過去に執着することであり、アイデンティティに執着することである。そうした人々が、最も恐れるのは、変化であり、自由であり、変容する存在である。その人たちは子どもを恐れる。

もちろん、あらゆる意味での所有が悪なのではない。何かを操作し制御するのは、人間が生きていく中でどうしても必要な能力である。教育という行為についても、学び手が重要な洞察や知的能力、情動的豊かさを内面化するように、学習状況を操作することだとも言えるだろう。ある意味では、すべての書籍や指導、指揮など、あらゆる構造化されたアプローチには、操作的で所有的な要素が含まれている。

　問題は、どのような操作が真に利他的あるいは相互利益的たりえ、どのような操作が利己的であり、あるいは、利他性の名目において行われる独善なのかである。問うべきは、いかなる所有の制度化が、そのような悪しき操作を促進してしまうかである。フロムによれば、現代社会は、持つ様式を基礎としている取得型社会である。そこでは、私有財産、利益、そしてそこから生じる力、それを守る力を価値の基礎に据え、私たちはそれに依存して生きている。

　それは、死に対する不安、そして世界との接触に対する不安から、所有物に依存する文明である。そうした文明が支配的な社会における最大の楽しみは、生き物を所有することである。とりわけ人間を所有することである。それは、もともと変容し、変化する存在を所有することで、自分の制御力を示すことができるからである。そうして、死を克服できるという幻想に、暗黙のうちに身を沈めているのである。

　人間を所有することとは、家父長的社会の特徴であると、フロムは指摘する。それはかつて奴隷を所有し、現在でも、女性を所有し続けようとする。そして、それは、子どもを所有する。所有は制御することであるから、制御される側は、それに抵抗し、反抗しようとする。フロムはそれを次のように表現している。

　　制限されるのは幼児の、児童の、青年の、そして最後には成人の意志の自発的な表現であり、彼

> らの知識と真理への熱望であり、愛情への願望である。成長しつつある人物は、彼もしくは彼女の自律的で偽りのない欲求や関心、および彼もしくは彼女自身の意志の大部分を捨てること、そして自律的ではなく、思考と感情の社会的な型によって、それらの上に押しつけられた意志と欲求と感情を選ぶことを、強いられる。社会およびその心理社会的代理者としての家庭は、次の難問を解かなければならない。いかにして当人に気づかれることなく、或る人物の意志をくじくことができるか。しかし、教化、報酬、懲罰、適当なイデオロギーの入り組んだ過程によって、この課題は一般に非常にうまく解決されるので、たいていの人びとは自分は自らの意志に従っているのだと信じ、その意志自体が条件づけられ、操作されていることに気づかないのである（フロム、2020: 114）。

所有を基本的な生活様式に置いた社会は、世界から距離を取り、他者から距離を取り、自己を変えることなく（年老いることも死ぬことなく）、それらを所有しようとする。そこでの幸福とは、自己の力の中に、他者に対する優越の中に存することになる。

それは最終的には、他者を征服し、それから何かを奪い、その命を剥奪することを目指すことに至る。そうした社会の大人は、子どもを所有しようとする。愛は、他者に尽くして、自分の生を他者に預けることである。これとは逆に、所有は他者であるはずの子どもを制御しようとし、その自分のコピーを不滅にしようとする。それは、生きた他者を自分のミイラにすることである。

テクノロジーと現代社会

それでは、知識を所有させるのではない教育とは何であろうか。それは、子ども性を伸長させようとする教育である。そこで、まず教育する内容について、言い換えれば、教育すべき知識の内容について考えることにしよう。

現代社会における最も重要されている知識は、科学、それも自然科学分野のテクノロジーに関連する科学的知識であろう。世界に対する人間の制御を向上させるものとは、まさしく、テクノロジーだからである。科学的認識に基づいた技術は、科学技術＝テクノロジーと呼ばれる。科学技術は、これまで述べてきた現代社会における所有を基本とする生活様式に基盤を与えてきた活動であろう。

しかし、もとより、科学と技術は、安易に混同されて論じるべきではない。科学的探究とテクノロジーの開発には大きな違いも含まれている。科学的探究は、その企画の中で何が発見されるのか、さらに何が応用可能であるのか、あらかじめ分かっていない。予測と異なった結果が得られれば、その結果にしたがって仮説を訂正するのが科学的探究である。その意味で、科学的探究は、先に見た旅としての要素を本質的に含んでいる。

それに対して、テクノロジー開発は、最初に目的が定立されており、それに貢献する結果が得られなければ、その開発は意味をなさない。科学的探究の本質が、論理的・実証的な批判的検討という手続きにあるのに対して、テクノロジーの本質は、すでに設定された結果（目的・価値）の効率的な達成にある。テクノロジー開発の結果が、その期待していたところと異なれば、変えるべきは自分の予測や仮説ではなく、対象の方なのである。科学的研究は発見された真理によって自己を変えなければならない遠心的・自己変革な活動であり、テクノロジーは人間のあらかじめの目的に対象を利用しようとする求心的・自己保存的な活動である。

こうして、科学的探究は、冒険・探検・旅としての要素を含んでいるのに対して、テクノロジー開発では、そのような不確実な要素は排除される。テクノロジーは、本書での用語を使えば、遊びの要素を排した労働に関わるものである。

それにも関わらず、科学はその探究の過程にテクノロジー的な要素――たとえば、観察や実験の器具はエンジニアリングの成果である――が含まれており、今日では科学的探究とテクノロジー開発の間には、明確な線は引けない。科学的探究が、集団的で巨額の資金を要する大型プロジェクトであることはしばしばである。現代では、科学的探究は冒険や探検であるなどといった悠長な主張が許される余地は少なくなり、費用に応じた成果を強く求められている。

かつて、一七世紀から一九世紀半ばまでの西洋における近代科学の探究は、自然を作った神の真理を明らかにするといった半ば宗教的で、純粋に知的な動機に支えられていた。それは、科学者の個人的な活動として、科学者だけの集団に閉じており、非営利的であった。近代の科学は、主に、天文学や物理学、あるいは博物学を中心として発展した。

こうした、素朴とも言える近代科学と比較すれば、現代科学、特に二十世紀後半以降の科学の特徴は、社会的・個人的な利益を追求する世俗的活動だということにある。そこには、多数の科学者が組織的に参加し、産業界や教育界といった一般社会と繋がり、営利的な性格を強めている。善かれ悪しかれ、現代科学は、自然の姿を観照するという純粋に知性に訴えかける活動ではなくなって久しい。科学的探究は、ますますテクノロジー開発に近い活動となった。

科学の技術化・テクノロジー化は、同時に、科学における政治的な色彩を強めていく。多くの人に役立てるという目的が先にあるがゆえに、テクノロジーは社会的文脈に最初から組み込まれているし、しばしば政治的文脈、あるいは、経済的・社会的文脈が入り込む。テクノロジーは世界に秩序を与える方法である。それは自然に働きかけるための物理的な力であるが、同時に社会的・政治的な意味づけを担った力でもある。科学的研究は、個人的な情念や好奇心の産物でありうるが、テクノロジーはつねに集団的な意思のもとにある。巨額の費用を必要とする現代テクノロジーであればなおさらである。

現代の技術哲学や科学技術社会論が繰り返し指摘してきたことは、テクノロジーには、そのデザインのレベルから政治的・社会的関係がビルト・インされており、私たちはその関係性を無自覚的に引き受けていることである（フィーンバーグ、2004; Ihde, 1990; ウィナー、2000）。

テクノロジーは、文化的権威、経済的利益から自由ではないように、政治権力からも中立ではない。あるテクノロジーは、社会における一定の活動を促進し、他のものを妨げる。会社や軍の指導者、医者や技術者といったテクノロジーシステムをつかさどる人々は、選挙に基づいた政治家たちにはるかにまさる、大きな支配力をもっている。都市の発展様式、住居や交通システムのデザイン、情報システムやメディアの設計などといった技術革新に関する専門家の選択が、一般人としての私たちの生活の枠組みを与えている。

どのようなテクノロジーが、どのように導入されるかによって、私たち社会の行く先が左右されてしまう。そして、いったん中央集権的な行政システムが確立してしまうと、管理する人々は自分自身が権力を保持するための条件としてそのテクノロジーシステムを存続させるようになる。こうして、技術に媒介された制度を指揮する人々は、自分たちの権威と権力の維持という暗黙の目標に合致するように、技術を選択するようになる。テクノロジーは現代の政治状況に深く織り込まれており、特定の権威を生み出す傾向をもっている。

テクノロジーの民主化

しかし、現代の技術論は、哲学者のマルチン・ハイデガー（2013）のように、テクノロジーの影響を避け難い運命のように考える悲観主義は取らない。一旦導入されたテクノロジーは、それ自身が意思を持っているかのように人類を一つの方向に引きずっていく、などということはない。いかなる技術も、それをどのように導入し、どのように使用するかには一定の幅を許容する柔軟性をもっている。技術がどのように発展するかは、純粋にその技術に内在する機能だけで決まるわけではなく、社会がそれをいかに解釈して、いかに使用するかに左右される。社会による選択こそが、技術のあり方を決定するといえる。

とはいえ、現代のテクノロジーは、一部の専門家たちによって研究開発され、産業に導入される。テクノロジーはますます高度化し、細分化し、専門家まかせになっている。一般の人々はテクノロジーが社会に導入するまでの過程をほとんど知ることなく、最終段階にすぎない製品や生活スタイルを受け入れる以外になく、せいぜい、商品の段階での細部や趣味の違いを選択できるだけである。現代の社会では、テクノロジーの選択は一般の市民に開かれているとはとても言えない。インターネットなど情報通信機器により私たちの生活は加速化するばかりであるが、それを一般の市民の多くは予測できたわけでも、望んでいたわけでもないだろう。

当初、その解釈や使用の仕方に一定の柔軟性があるテクノロジーも、一度、特定の使用法が普及しはじめると、その標準方式に強く拘束されるようになる。そうなると、個人では変更のきかない強固な制度として定着し、かつてはその技術には他の選択肢がありえたという事実すら忘却されてしまう。それが、個々人の生活に身近な家電製品のようなものではなく、国家が後ろ盾にある、エネルギー、情報、金融、農業、医療などの巨大産業のテクノロジーの場合にはなおさらである。

しかし、テクノロジーが重大な不利益を利用者にもたらしたとしても、専門家たちがすべての責任を負ってくれるわけでもない。専門家が科学技術を暴走させる可能性はいつでもつきまとっている。テクノロジーが一般の人々の生活のあり方を大きく左右するのであれば、その選択の過程には、影響をこうむる市民たちが参画できなければならない。

現代の技術哲学は、テクノロジーの選択・設計・製作・導入のすべての過程において、ただ専門家にフリーハンドでその決定を委ねるのではなく、市民が参加できる公共の場でその政策を決定してゆくことを主張する。これはいわば、テクノロジーの民主化である。権威からの上位下達の形で進めなければ、技術的進歩はありえないと考えるのは間違いである。テクノロジーを民主化することは可能であるし、そうしなければならない。

現代の技術論によるテクノロジー批判

科学と社会の関係に関して、現代哲学はこれまで二つの波を経てきた。

第一の波は、一九五〇年代までの科学に信頼を寄せ、科学の発展に社会の発展を重ね合わせた時代である。科学は、人間の合理性を代表する活動であり、明るい未来を先導するものであった。科学論についても、科学の有効性と有益性を前提としながら、科学とは何か、科学がいかなる進歩を遂げてきたのかを肯定的に論じていた。科学は、専門家集団によって合理的に進歩するとされた。

社会学者のロバート・マートン（Robert K.Merton）は、科学者集団が有している集団的規範（エートス）として、CUDOSを指摘した（Merton, 1973）。CUDOSは、「共有性 Communalism」「普遍性 Universalism」「無私性 Disinterestedness」「独創性 Originality」「組織的懐疑主義 Organized Skepticism」の頭文字をとったものである。

共有性とは、科学的知識が公共的に所有されるべきものであることを意味している。普遍性とは、人種、性別、民族、国籍、宗教などの特定の文化から独立して普遍的であることを言う。無私性とは、文字通りに、私利私欲から離れていることを意味する。組織的懐疑主義とは、いかなる知見に対しても、それが権威づけられていても、普及していても、実証的・論理的基準に照らし合わせて、その妥当性を検討する態度のことを言う。

科学者は、私欲や偏見から離れて、人類のための知識を批判的かつ創造的に追求し、その探究の成果は世界で公平に共有される。こうした規範性が科学を律していると期待されていたし、またそのように信じられていた時代である。第二次世界大戦以前の日本の技術哲学を見ても、科学技術は、大衆社会や政治の世界に巣食う非合理性や非論理性に対抗するものとして捉えられ、科学技術は基本的に肯定的に評価されていた。

これに対して、第二の波では、科学への厳しい批判の視線が向けられる。冷戦時代の核兵器を含めた兵器開発競争、六〇~七〇年代に問題化されてきた公害・薬害などの健康と環境への被害、職場がオートメーション化・機械化することで生じてきた失業問題、これらのすべては新しいテクノロジー開発の負の側面を代表している。

人々は、科学技術の暗黒面、すなわち、人間性の喪失に手を貸し、政治による支配を容易にする手段を提供するような側面に恐怖するようになった。科学は人間に明るい未来を約束するどころか、世界をディストピアに変貌させる可能性をもった凶器か兵器のようなものとして捉えられるようになる。社会一般に、政治や産業界に密接につながった科学への不信感が募るようになった。

科学論に関しても、この時代には科学への疑義と批判が強く表明された。七〇年代初頭のトマス・クーンのパラダイム論をきっかけとして、科学は合理的に進歩するという描像が批判的に検討され、現代の技術哲学や科学技術社会論は、科学の不確実性とリスク、そしてその背後の隠された政治性を指摘するようになった。

ジョン・ザイマン(John Ziman, 2000)は、現代の科学はCUDOSのような理想的な規範に基づいているどころか、PLACE、すなわち、「専有性 Proprietary」、「局所性 Local」、「権威主義 Authoritarian」、「(政府や企業から)委託された Commissioned」、「専門家としての仕事 Expert work」に依拠していると論じた。

もはや科学は、一部の専門家と関係者による、自分たちの関心と利益に奉仕する活動となった。それは、政府や企業と経済的・政治的に密接に結びつく一方で、一般の人々に対しては近寄り難い権威として、物言わさぬように振る舞っているというのである。

こうなると、他の政治や行政の活動と同様に、科学研究とテクノロジーにおいても、その開発や導入の過程が透明化されることが求められ、説明責任を通して民主的に制御されなければならないと論じられるようになる。

しかし、テクノロジーの民主化とは、市民が専門家と等しい知識を身につけて、科学のあり方を指導するということではない。それは、全ての人間があらゆる分野の専門家となることに他ならず、そんなことは端的に実現不可能である。そうではなく、テクノロジーの民主化とは、専門家と市民の信頼を作り上げ、相互理解と共同性を実現することである。

埋めるべきなのは、専門家と市民との間に存在する目的と価値観の乖離である。専門家と市民との間では、テクノロジーが何のために必要とされるのか、その目的と価値についてすり合わせる必要があり、そのためには双方向的な対話が欠かせない。そうした対話は、科学の専門家集団を、一般の市民社会へのインクルージョンする過程でもある。

科学者と市民の対話の試みは、サイエンス・コミュニケーションと呼ばれる（千葉・仲矢・真島、2007）。サイエンス・コミュニケーションとは、専門家と市民が双方向的な交流を行い、信頼を醸成することにより科学と社会を繋ぐ活動である。それは、市民における科学的知識の欠如を前提として、科学知識をわかりやすく伝えるという単なる啓発活動に狭隘化されたり、科学者集団の利益に誘導したりするような科学の公衆理解に変質してはならない。

サイエンス・コミュニケーションは、基本的には、市民との交流によって科学者の方が自己変革する機会でなければならない。サイエンス・コミュニケーションには、テクノロジー・アセスメント、コンセンサス会議、研究のアウトリーチ活動としてのサイエンスショップやサイエンスカフェ、技術者倫理・科学倫理教育が含まれる。これらの活動は二十一世紀に入り、かなり定着してきたと言えるだろう。

テクノロジーと社会の関係

以上のように、テクノロジーの民主化の動きが二十一世紀では推進されているが、さらに、二〇一〇年以降、科学論も第三の立場が提案されるようになった。その代表が、イギリスの科学社会学者のハリー・コリンズ（Harry Collins, 2014）である。

コリンズは、これまでの第二の技術論の批判的な観点、すなわち、科学の不確実性と政治性を認めながら、単純に専門家と市民を対立させるのではなく、科学技術が社会に及ぼす影響を詳細に分析し、それが市民社会に悪影響を及ぼすのはどういう条件においてであるかを明確にしようと試みた。

第二の波では、科学技術を一様に否定的に扱う傾向があったが、第三の立場では、こうした態度は退けられる。第三の立場は、科学への批判的観点を維持しながら、科学の専門性のもつ権威の復権を求める。

たしかに科学は本質的に政治性を身にまとっている。であるからこそ、科学は、知的活動であることを維持し、経済的価値や政治性によってそれ以上に左右されないように最善の努力をすべきなのである。科学者のコミュニティは科学的探究の世界に政治が入り込むことをつねに退け、特定の価値から自由に研究をする努力を怠ってはならない。コリンズによれば、科学が特別であるのは、科学者コミュニティが特別のエートス、すなわち、マートンが提示したような真理探究へのエートスを有しているからである。

第二の波においては、テクノロジーの民主化が強く唱えられた。テクノロジーは、専門家の意向だけで開発・導入されてはならず、そこには市民の提案と合意がふくまれていなければならない。しかしながら、私たち市民の側、特に集団化した市民は、公平でも、理性的でも、脱俗的でもない。現在の民主主義は、特定の利害への配慮、市場主義や非合理なイデオロギー、民衆の一時的な衝動などによって容易に堕落する危機にさらされている。科学が一般社会との関係を深めたときには、民主主義を堕落させるのと同じ要因が科学の発展を不健全にさせる可能性もある。科学が健全に発展するには、自由な探究を保障する民主主義が必要である。

しかし他方、民主主義も、科学によって保護されなければならない。というのは、科学的探究そのものが、人類にとっての価値の追求によって導かれた、根本的には道徳的な活動だからである。であるならば、科学は、同じく道徳性に導かれた政治制度である民主主義の維持と発展に貢献できるはずである。

そして、民主主義は、科学的探究が有している不確実性への対処の仕方や問題解決の仕方を、科学から学ばなければならない。コリンズは、科学と社会とをつなぎ、テクノロジーの設計や導入がすべての人の利益となるように改善していくような、制度化された組織を設立するように提案する。

これは、第一に、再び科学がエリート主義や権威主義に陥らないための制度であり、第二に、科学者集団における優れた規範意識を社会に還元するためのものでもある。

第二の目的は、筆者の見解では、民主主義社会の維持発展にとって欠かせない契機になると思われる。というのは、科学的探究はその内容によってよりも、むしろ、その探究の際に科学者が取るべき態度が、民主主義社会の公共空間の創生に大きな役割を果たしうるからである。なぜなら、民主主義という政体を維持発展させるために求められる態度は、科学的探究において科学者集団に求められる態度に明らかに類似しているからである。

ここで想定している態度とは、先に挙げた、CUDOS、すなわち、共有性、普遍性、無私性、独創性、懐疑主義を指している。ただし、CUDOSは、民主主義社会の個々人の市民に求められる態度、すなわち、個人的なシティズンシップに求められる態度ではない。個々の市民には、CUDOSのような態度を身につけ、その態度を示すことは求められていない。

CUDOSとは、私欲や偏見から離れて、人類のための知識を批判的かつ創造的に追求し、その探究の成果は世界で公平に共有されるべきことを指していた。これは、民主主義社会の公共空間、あるいは政治空間において求められる態度でもある。民主主義社会の市民は、自分たちの社会の政策決定の過程が、CUDOSのような規範に従ったものであることを望むであろう。市民は、政治家や公務員が職務についているときには、そうした態度をとることを求めるであろう。市民が、ひとりの個人として政治に望むものは、それぞれの利害に沿ったもので構わない。個々人の市民は、その生活において、無欲であることも、共有的であることも、普遍的であったり、無私であったりすることも求められないし、求めるべきではない。

しかし民主主義の市民は、公共空間での政策決定が、以下のような過程と態度に基づいて行われることを望むであろうし、また望むべきである。すなわち、私欲や偏見から離れて議論がなされ、誰もが意見を表明する機会を公平に与えられ、それぞれの意見や発案がしっかりと検討され、一部の人たちの利益ばかりが優遇されことなく、問題解決が批判的・創造的に追求され、最終的に優れた決定がなされ、それが実現されることである。

民主主義社会の議論では、さまざまな意見がそれぞれの利益を代表する立場から出されるが、その中で優先順位や公平性が検討され、最終的に最も優れていると思われる案が政策として選ばれるはずである。その政策案の妥当性と現実性は、倫理性から実現可能性まで、さまざまな角度から批判的に検証される。政策案が法律として施行された後も、それがうまく機能しているかどうかがフィードバックされ、しばらくしてその政策を修正すべきかどうかが、再度検討されるであろう。

これと同じような過程によって、民主主義社会の政治的リーダーも選出される。選挙では、候補者は政策理念や基本方針、期間内での公約を示し、選挙民は、その者に市民の自分たちの代表を任せてよいかどうかを検討して、投票する。そして、これらの正しい手続きによって決定された事柄については、市民は承認しなければならない。つまり、CUDOSとは、民主主義社会における議論のあるべき姿、あるいは政策決定のあるべき姿と同じものなのである。民主主義社会で求められている政策決定の過程は、科学的真理が探究される過程とほぼ一致している。

科学と民主主義

このことは何を意味しているだろうか。それは第一に、科学的探究も、民主的な政治も、対話を通しての活動であること、すなわち、科学的世界も公共空間も対話により形成されることを意味している。そして、第二に、民主主義社会が、真理を探究する共同体であることを意味している。真理とは、先に述べたように、自分たちの生き方に関わる問いへの解答のことである。

人と人とが繋がるためには何かが共有されていなければならない。それが何であるかによって、社会のあり方が異なってくる。

たとえば、ゲマインシャフトでは、自然発生的な地縁血縁や伝統、権威、慣習によって人々は結びついている。ここでは人々は、その共同体の過去を共有し、過去が人々を結びつけている。他方、ゲゼルシャフトとは、市民国家の国民、企業や組合のように、自分の選択によって参入できる契約社会である。そこで共有されているのは目的や利益である。ここでは人々は、未来を共有し、未来の目的や利益が人々を結びつけている。

しかし、ゲマインシャフトもゲゼルシャフトも、私たち人類を結びつける絆として十分ではない。現代社会は、多様な人々の集まりであり、さまざまな形で世界中の人々と繋がっている。私たち現代人は、権威も過去ももはや共有しておらず、未来や利益を共有できるとは限らない。多様な人々が集う現代社会では、誰もが、特定の同じ地縁血縁や伝統、権威、慣習に価値をおいたり、あるいは超越的な存在に権威を認めたりすることはない。

その結び目はいまだ存在しない未来に置かれているがゆえに、ゲゼルシャフトは、ゲマインシャフトよりも、はるかに開かれた近代的な社会である。しかし、ゲゼルシャフトにおいては、目的や利益にどれほど貢献したかで、人々の間では上下の序列が生じてしまう。ゲゼルシャフトはメリトクラシーに陥りがちである。近代国家であれ、企業であれ、ゲゼルシャフトでは、特定の能力や知識に長けた者が優位な地位を占める。それが目的や利益という到着点を持つかぎり、人を最後には序列化し、ときに排除する。ここから社会の階層格差が生じてくる。

この階層は、教育によって準備されている。知識を所有することを目的とした現在の教育、すなわち、銀行型教育と現代の階層的社会とは、相互補完的で循環的な関係を作り出している。こうして、今日、私たちの社会は分断の危機を迎えているが、そのほぼ直接の原因は、教育における分断、言い換えれば、教育の不平等にある。教育の不平等については、次章で論じることにする。

ゲマインシャフトもゲゼルシャフトも、人類を包括する原理とはなりえない。私たちはもはや過去も未来も共有できない。では、何も共有しない私たちを結びつけ、あらゆる人を包括できる社会の核は、どこに存在しうるだろうか。それは、唯一、過去でも未来でもなく、現在における対話である。

対話とは、ただの会話ではなく、真理の探求のためになされる会話である。対話は、一つのことをテーマとしながら、異なった意見や異なった視点を交流させ、そこに生じている問いに解答しようとするコミュニケーションである。テーマが次々に移り変わる通常の会話では、一定数以上の人が参加することは難しい。友人や恋人との会話は、よい関係を保ち、相手を理解するコミュニケーションであるが、それは言語的なやり取り以外にも交流があって初めて成り立っているコミュニケーションである。対話では、その参加者の間には、対話するという以上の動機や感情的な結びつきは存在していない。対話は、対話という活動によってのみ人々を結びつける。対話は、真理の探究によって人と人を結びつける。

ここで言う真理とは、これまで述べてきたように、単なる事実ではなく、自らに生じてきた問いに対する解答である。人々を結びつける真理の追求とは、人々が共通の問いを持ち、その答えを共同で探究するということである。私たちが共有する問いとは、たとえば、以下のようなものでありうるだろう。世界がどのようなものであり、それをどのように認識できるか。人間とは何であり、人間にとっての価値とは何であるのか。自然と生命とはどのような存在であるのか。それは、人間にとってどのような意味をもつのか。個人の人生と社会とはどういう関係にあるのか。どのような政治や社会の形態が望ましいのか。これらは、哲学の問いであると同時に、政治の問いである。政治とは、人間が共同生活を営む上でのさまざまに異なる意見と利害を調停する場だからである。

これらの問いは、知識、人間、社会がどうあるべきかについての基本理念を問う規範的な問いでもあり、いわゆる、哲学の問いである。それは、個人の生き方を方向づけると同時に、私たちの共同の社会を構成する基本理念に関する問いである。

ここで注意すべきは、人を結びつけるのは、探求によって解答された結論、すなわち、真理ではないことである。真理を共有するのであれば、ゲマインシャフトでの宗教的な教えや戒律、あるいは、全体主義的な社会でのイデオロギーと変わらなくなってしまう。人々が結びつくのは、真理を共有することによってではなくて、問いを共有し、それを探求する過程を共有することによってである。終わりのない、新しい問いを出しつづける真理探求の過程が、すなわち、旅が、パイデイアが、子ども性が、現代社会に生きる私たちを結びつけることのできる唯一の絆なのである。ある問いの答えは、正しい解答ではなく、別のより深い問いである。こうした新しい深い問いに探究を進めることで、集団はより深く結束すると同時に、個々人の違いがより活きてくるのである。

民主主義と真理の共同体

真理を探究するには、科学的探究がそうであるように、あらゆる人が議論に自由に参加し、できる限り多様な意見が提出され、それが複数の異なった視点から検討される必要がある。CUDOSにおいても表現されているように、真理の探求には、自由なコミュニケーションが不可欠である。

したがって、民主主義的であることは、真理の探究のための前提条件である。なぜなら、民主主義は、コミュニケーションの自由度が最大化した社会だからである。それは、誰もが、自由に、発言でき、話を聞いてもらえる社会である。階層化された社会では、階層間でコミュニケーションが制限される。権威や権力によって発言力に差が生まれ、社会的地位に応じた発言しかできない社会では、真理は探究できない。子どもの哲学で、対話の場の安全性が確保されるべきなのは、子どもたちの発言を自由にするだけのことではなく、そうでなければ、真理の探究ができないからである。

他方で、真理の探究が民主主義を必要としているように、民主主義も真理の探究を必要としている。民主主義は、契約・約束事によってできている社会であるが、何か特定の目的や利益で結びついてはいない。それは、国民の人権を保護するための社会であるが、人権とはどのようなものなのか、それ自身が定義を必要とし、それをどのような範囲で、どこまで維持するのかも議論を必要とする。

先に述べたように、ゲゼルシャフトは、目的や利益といった結果の達成に社会の結束を求めている。そうである限り、ゲゼルシャフトは、あらゆる人を包括し、あらゆる人に等しく参加させ、自由に発言させる契機に欠いている。権能のある者が、目的や利益をたくさんもたらす者が、より多くの発言する機会を得るであろう。ゲゼルシャフトでは、そこに参加するためには、参加者が一定の目的や利益に貢献しなければならないかのような空気が醸成されてくる。

産業社会と民主主義社会とが区別されない場所では、なおさら、そのような圧力が個々人に押しかかってくる。そして、知識を得ることや能力（可能性）の獲得が、社会参加への条件であるかように教育が行われる。学校は、民主主義的文化や態度を育てる場ではなく、ゲゼルシャフトでの優位な立場を得るために、能力の獲得を競い合う場になってしまう。社会は、「ある」ことではなく、「所有」することを優先するようになる。そうした社会では、ともに「ある」ことではなく、「所有」を目指した教育が行われていくだろう。明確な結果が得られない対話や探究に対して、何のためにそれを行うのですかと尋ね、子どもに即座に何かを得させようとする教員や保護者は、所有志向に深く侵されているのである。

これに対して、民主主義とは、私たちそれぞれが真理を探究することによって隣人と結ばれる知と愛の社会である。それは、人がともにあることのできる社会である。ともにあるという様式は、世界に出会い、他者に出会い、その変容を受け入れ、自己も変容しようとする。それは、真理の探究によって自己を変容することを歓迎する社会である。ともにある場を形成することこそが、政治の役割である。それはすなわち、誰れもがコミュニケーションに加われる社会であり、誰れもが他者を通じて自己を変えられる社会のことである。

民主主義社会が、人間が等しく権力を分有する社会であるとすれば、それは、人間が等しく真理にアクセスすることを要求でき、等しく真理について語る資格を持つ社会のことでもある。それは、同時に、誰れもが問いをたてられる社会である。民主主義社会において、真理にアクセスする方法とは対話である。対話では、最大限に多様で多元的な視点が求められる。なぜなら、真理はできる限りさまざまな人から検討されなければならないからである。

しかし人々を結びつけている真理は、いまだ得られていない。その結び目は永遠に得られないだろう。「何か」という問いも、「なぜ」という問いも、人間の矛盾した欲求からやってくるからである。真理が手前にあるのではなく、先へ先へと遠のいていくように見えるのは、僥倖である。

そのように探究が延長するのは、新しい人から新しい観点から問いを次々に立て直すからである。新しい参加者（ニューカマー）は、これまでと違った視点から、これまでの考え方を検討する。ここに生じるのは、アイオーン的時間、すなわち、創造の反復である。新しい人が、これまで真理や知識とされてきたものの偏りや不十分さを指摘することによって、真理の探究が再開される。探究は、新しい問いを立て続けることにその本質がある。だとすれば、新しい人こそ探究のエンジンである。それは人々がつながろうとする、人々が共同の生活を営む場を作ろうとするときのエンジンである。新しい人は、新しい問いを携えて、人々を結びつけ、これまでの社会を再び組み立て直す機会を与えてくれる。

真理を探究する社会においては、何が真理であるのかは、新しい人が、すなわち、これまでの真理や知識からもっとも遠い人たちがそれを問い直す機会を与え、共通の問いが皆で再設定されていく。ここでいう新しい人とは、社会の周辺で見えなくなっていた人であり、何よりも子どものことなのである。その子どもによって、永遠にうち立て直されていく社会、常に初めの状態を繰り返す社会、それが民主主義である。民主主義社会は、「相似しつつ無数に系列を作りだす創造の反復」（矢野）であり、多型的反復としてのリズムを刻むのである。民主主義は、こうして、毎回毎回、作り直さねば維持できない。民主主義は、子どもに発言する権利を与えない限り、十分に機能することはない。後に述べるように、国連が求める「子どもの意見表明権（意見を聞かれる権利）」は、現在社会でもっとも注目され、尊重されるべき権利の一つである。

民主主義社会の本質は、真理の探究を通して、よく多様な人々を包括していく過程にある。そこでは、真理は新たに包括された人を含んだ、すべての参加者の対話によって探求される。民主主義社会の理念は、新しい人により新しい問いを立て、それに解答しようとして変容していくことにある。逆に、分断する社会とは子どもに参加させない社会である。

新しい人の参加と真理の探究という駆動力を内蔵していることが、民主主義社会の特徴である。民主主義の駆動力は、知への意志であり、民主主義社会はそれ自体が、大きな探究の共同体なのである。「ある」という様式は、真理の探究を共同の基盤とした民主主義社会の存在を求め、民主主義社会でこそ、「ある」という生き方が真に可能となるのである。

科学と哲学、児童期への回帰

自由な社会では、それぞれの人が、自分の価値の追求を自由に行う。科学的活動もさまざまな目的と価値から追及されてよい。しかし、自由な社会が同時に民主的な社会である限り、真理の探究は、社会を支える支柱として特別な価値を持ったものとして理解されるべきである。そして民主主義がなければ、自由な科学的探究もありえなくなる。

ここで筆者は、科学哲学者のマイケル・リンチ（Michael Lynch, 2005）とともに、「真理が重要である（Truth matters）」ことを主張したい。リンチによれば、真理を軽視することが、現代社会のシニシズムを生んでいる。「真理主義」の立場は次の規範を掲げる。

真理とは客観的である（人間個人の主観や認識から独立している）。
真なる知識は善きものである。
真理の探求は価値がある。
真理はそれ自身に価値がある。

真理の尊重としての真理主義は、民主主義社会の隠れた基本原理であり、国民主権や人権の擁護と並ぶ、民主主義の柱である。科学的探究そのものが道徳的な営為であり、科学者の共同体が、特別に重要な規範を持つ共同体として民主主義の発展に貢献できる。真理の探究が民主主義を打ち鍛えるのであり、科学的な探究の共同体は、民主主義社会のモデルでさえあるのだ。

物理学者のノーマン・キャンベル（Norman R. Campbell）は、『科学とは何か』の中で、「科学とはすべての人の合意が得られるような判断についての研究だ」（キャンベル、1979: 37）と主張している。だが、どのようにすればすべての人の合意が得られるのだろうか。「何も科学上の主張がみな全員に受け入れられるとはいっていない（のみならず、それは私の本意とは違う）。私がいうのは、科学の研究をしていてその結果到達した命題のもととなる判断が誰にも受け入れられるということだ。科学者同士の意見の違いは、研究主題に関してではなく、その結論にある」（同上、41）。逆に言えば、科学の客観性と共有性を保証しているのは、対象やテーマを扱うその手続きである。

科学の本質は、どのような理論や仮説であれ、一定の仕方で検証されるという手続きの中にこそある。途中の科学者の知的活動、すなわち科学的発見の論理は、個人的な経験や特定の政治的・社会的・文化的な文脈において営まれるであろう。しかし、それが、科学的な成果として、科学者集団の中で正当化されるには、誰もが追試可能な公開の手続きが必要である。

したがって、科学的探究と民主主義社会の構造的類似をまとめるならば、以下のようになるであろう。

1　現場からのフィードバックによって、当初の理論や仮説が変更させられる可能性に開かれている。（成果によるリーダーの交代）

2　知は絶えず更新し、永遠不滅の絶対の原理は存在しない。（前進主義）

3　過去の理論や仮説は誤っている可能性があるので、たえず検証にかけられる。過去の知識を乗り越え、よりよい知識を得ることが、科学的進歩である。（反権威主義）

4　知が信頼されるのは、公開された追試可能な科学的手続きによって獲得されたからである。

初等中等教育において、既存の知識の習得を目的とするのではなく、知的な探求を行う態度の獲得が最も重んじられる理由は、ここにある。自ら問題を立て、できる限り多様な人々と議論し、とりわけ新しい異なった意見を持った人を重視し、それぞれの意見や提案、仮説を検証し、現場からのフィードバックによってそれらを修正する。

こうした学び方を学ぶことが、あらゆる教育機関で最も重視されるべきである。それは、子どもの知的発達のためだけではなく、民主主義社会を作り出し、運営する仕方を学ぶためにでもある。逆に、結果としての知識を伝達するばかりの教育は、所有する生活様式を推奨する権威主義社会の教育に異ならない。民主主義社会は、真理を探究する共同体であり、学校もそうでなければならない。

以上のような真理を探究することを絆とする社会において、哲学はいかなる役割をはたすのだろうか。哲学は、しばしば自分自身の足元にある前提を疑い、再検討してみることといった思考法に特徴があると言われている。しかし、これは、批判的思考の一般的な特徴に他ならない。批判的思考とは、ある考えや行為の根拠を改めて問いただすことである。これまで行ってきた慣習的な行為を、「本当に、これは何のためにやっているのだろうか」と問い直し、自分のこれまで信じてきた考え方を「この考え方は、正しいと言えるのだろうか」と問い直すことである。

もちろん、哲学は批判的思考を必須とすると思われるが、しかし、そもそもあらゆる創造的な活動は批判的思考を必要とするだろう。「真理にいまだに到達できていない」、「最終的な問題解決には至っていない」、「最善のものを作るに至っておらず、またこの作品は改善の余地がある」、こうした改良や改善の意識が創造的活動の源であり、批判的思考の出どころであるといえるだろう。

それが科学であれ、芸術であれ、産業であれ、いかなる分野であっても創造的な活動をする者は、行き詰まった現状を変えるために、その現状の根底にある一定の前提を探り出し、別の前提に立った考えなり行動なりを生み出す必要がある。

だが、哲学は、そうした前提を問い直す批判的思考を、さらに、深く掘り下げて考えることだと言われる。批判的思考を何度も繰り返し、「なぜ」という問いを掘り下げていくのが哲学だと言われる。ここでの「深く」とは、前提の、そのさらに前提を検討する態度であり、いわば、こうだからこうなるという演繹的な論理推論の過程を逆にたどり、自分の思考が暗黙のうちに前提としてしまっている公理のようなものに気づき、その妥当性を検討する態度のことである。その公理は、しばしば自分だけのものではなく、社会の多くの人々が暗黙のうちに前提している常識以前の常識であることもある。

前提の前提を探っていくことは、同時に各分野を分けている壁のようなものを乗り越えることでもある。というのも、演繹を逆に辿ることは、ある考えや行為をより一般的なものに包摂することだからである。たとえば、「よい飛行機を作る」という場合に、「〃よい〃飛行機とは何か」、「最も重要な価値は何か」、「移動の手段とは何か、どうあるべきか」と問うていけば、飛行機製造は、航空機業界だけの範囲を超えて、現代社会における移動について、さらにはその生活のあり方についての理念に及んでいくだろう。

哲学が、一般的・普遍的、あるいは、超領域的・分野横断的であると言われるのは、前提を深く辿っていくその思考が各分野の壁を超えていってしまうからである。「なぜ」と問うごとに、演繹のはじまりの前提へと遡っていき、特定の領域を越え出ていく。そうして、それを翻して、混沌とした状態にあるさまざまな物事の関連を、演繹的に整序しようとする。

こうして、哲学が、物事をより広い視野や文脈から、いわばズームアウトした視点で見ようとするものであるならば、逆にズームインして、細かく具体性をもって物事を扱っていく動きが、先に見たように、技術化であろう。技術化とは、いくつかの前提を受け入れた上で、ある考えを具体に詰めて実現し、一定の手順や行為の型へと嵌め込んでいくことである。これは、その手順の面に着目すればマニュアル化となるだろう。技術として成立した時点で、思考しながら試行錯誤の探究をしていた時期は終わり、多くの人が共有できる方法となり、それが社会の中で制度となって定着していく。科学的探究は技術となって終了する。

技術化は、それを生み出した思考のあり方が、慣習や習慣として生活に組み込まれ、一つの型となっていくことである。思考とは、複合的で試行錯誤的な探究であるが、常識化した思考とは、マニュアル化して型になった試行のことである。それは、手続化して固定した試行である。技術を重んじる態度には、その前提となっているものを疑わず、それに基づいてズームインを進める方向性が含まれている。すなわち、技術化は、精緻化、具象化、洗練化、様式化（マニエリズム）、自動化、反復的継承に向かうのである。

制度化され慣習化された生活の技術的側面を、その前提を明らかにし、広い文脈の中で、その型を問い直し、意味付け直そうとする。これが哲学の役割である。であれば、それは、技術化とは反対に、哲学とは、粗笨化、抽象化、素朴化、無定形化、手動化、初期化へと向かうものである。それは、試行が開始される地点に戻ることである。これは、新しい人を向かい入れた時の対話の特徴である。それはまた、子どもの対話の特徴でもある。先に述べたように、ソクラテスの無知の自覚は、技術化した知の問い直しであり、脱学習だったと解釈できるのである。

制度化された技術を継承するということが、何かの専門性を持った職業人として、あるいは、ある社会階層の中で生きることであるとすれば、哲学とは、何かの特定の社会的役割や立場からではなく、ひとりの市民として、ひとりの人間として、ある問題に取り組むことである。誰でもない、何のアイデンティティもない、何も所有していない、一人の裸の人間として生きるというのも、新しい人の特徴、すなわち、子どもの特徴である。

哲学とは、世界に「ある」ことを学び直すことであり、センス・オブ・ワンダーを回復することであり、世界を壊し作り直すことであり、すなわち、児童期への回帰を実現することである。哲学的な思考とは、世界との新しく再会し、知を新しく再開することである。それは、レクリエーション（再創造）であり、余暇（スコレー）である。

知の探究を人々の絆とする社会において、哲学は、社会を民主的に再度作り直す契機を人々に与えることができるだろう。哲学は、人々の絆をもう一度、新しく組み直す企画である。それは、民主的な社会を鋳直す活動である。民主主義は、多型的反復として存続すべきものである。民主主義の制度が一度確立すれば、そのまま民主的な状態が無条件に存続できるというわけではない。民主主義とは、民主的な社会とは何かという問いに最初から答え直すつもりで、毎回、毎回、立ち上げ直さねばならない人間のつながりなのである。対話による創造の反復のみが民主主義を維持できる。その絆の繋がり直しこそが、哲学対話なのである。

第七章　教育の平等とは何か

現代社会は、未来の目的や利益で人々が結びつくゲゼルシャフトである。そのような社会では、特定の能力や知識に長けた者が優位な地位を占める。一定の到着点を持つかぎり、そうした社会では人は序列化され、ときに社会の目的や利益に貢献できない者は邪魔者扱いされてしまう。多くの人々は、特別に優位な地位を目指す上昇志向をもっていなくとも、社会から排除されてしまうという恐怖心に囚われ、上昇志向の人々と同じ行動をとってしまう。これにより、社会の階層格差はさらに助長される。

この階層は、教育によって準備される。知識を所有することを目的とした銀行型教育は、現代の階層的社会を形成する礎になっている。こうして、今日、私たちの社会は分断の危機を迎えている。そのほぼ直接の原因は、教育における分断、言い換えれば、教育の不平等にある。本章では、教育の不平等について考察することにしよう。

平等と健康

平等とは何であろうか。人はどんな時に平等を感じるのだろうか。平等は不平等の反対概念であるが、おそらく、不平等の意識が先にあり、不平等を感じなくなったときに、ようやく平等を感じるのではないだろうか。そうであるならば、それは、健康に似た概念に思われる。人は病気になり健康を失う。そこで病理的な状態が意識され、それが解消された時に健康だと感じるのである。病理の自覚が健康の自覚に先立つことが多い。そこで、健康の概念を範にして、平等について考えてみよう。

病理とは、生存がすぐさまの危機に晒されているというよりも、あるべき状態を柔軟に実現することができなくなり、変化を許容する力を失った状態のことである。たとえば、関節に障害を患っていると、四肢を真っ直ぐ伸ばした状態を保ちにくくなり、四肢を曲げた姿勢と伸ばした姿勢の中間の姿勢、つまり屈んだような姿勢をとるようになるだろう。そうすることで、関節への圧力を減らして、何とか四肢を動けるようにする。

こうした状態も、一応、環境に適応して、生活しているといえるが、ありとあらゆる姿勢をスムーズにとることのできた以前の健康状態から比べると、取れる姿勢や動きが限られていて、体の動かし方が複雑になってしまい、時間もかかってしまう。こうした状態は、不健康とか病理とか、あるいは障害と呼ばれるだろうが、それらの言葉は、運動と行動の自由度が著しく減っていることを表現している。

では、たとえば、関節の障害を、当事者はどうとらえているだろうか。その障害が、人生の途中で起こった中途障害であり、自分が行ってきた生活習慣や自分自身に責のある事故に原因があるとしよう。この場合には、自分を責めたり、後悔したり、諦めたりするかもしれないが、いずれにせよ、自分の身体運動に制限があることを不平等だとは思わないのではなかろうか（「不便だ」とは思うかもしれないが）。自分のせいだからである。

では、これが、遺伝疾患のように自己の特性からくる先天性の障害の場合はどうであろうか。当事者は、自分の障害を不便であり、不利であると感じていたとしよう。この場合には、第一の場合のように自分を責めることはないだろう。では、当事者は、自分の状態を不平等と感じるだろうか。運命の不平等を感じる場合もあるかもしれないが、これは、神以外に訴えても仕方のないことである。たしかに、遺伝疾患は社会に起因したものではない。しかし、この社会が、医療や保障など含めて、一切、この障害に対処してくれなかったとしよう。他の障害や疾患に対しては社会が十分な対処をしているにも拘らずに、である。この場合は、当事者は、社会や政府に向かって、自分の障害に対する措置は不平等だと訴えてもおかしくないだろう。

さらに、その関節の障害が、当事者が長年携わってきた仕事に起因する場合はどうだろうか。他の業務に携わってきた人は、同じ職場でも健康被害はない。そうした場合、自分だけがそうした厳しい業務に携わってきて、特別の手当や給与の増額などがないのは、不平等だと、当事者が感じても何の不思議もないだろう。さらに、その治療に会社が手当をしてくれなかったとしたら、不平等の感が強くなるのは当然ではないだろうか。こうして、不平等は排除されたという意識から生まれる。

障害の社会モデル

もう少し平等の概念を、障害の事例を頼りに考察してみよう。障害学や教育学において、すでによく知られているのが、障害の社会的モデルである。それは、「障害」と呼ばれるものは、個人の特性として本人に帰属させられるものではなく、社会が、損傷（インペアメント）のある個人を障害（ディスアビリティ）のある者にするという主張である。何からの疾患や事故から、人はインペアメントを被ることがある。インペアメントとは、心理的、生理的、または解剖学的な構造または機能の何らかの喪失または異常のことである。しかし、障害の社会モデルによれば、これだけでは直ちに、ディスアビリティ（能力低下）にはならない。ディスアビリティとは、通常とみなされる方法や範囲で活動していく人間の能力が、何らかの制限や欠如のある状態にあることを言う。

従来の考え方では、インペアメントがディスアビリティを生み出す直接の原因だと考えられてきた。したがって、インペアメントを取り除き、「正常」への回復を目的とした治療を行うべきだとされてきた。障害のある子どもへの教育も、治療をモデルとして行われてきた。教育は、治療に準じて、社会に適応するために、障害に対処するスキルや能力を個人に付与しようとしてきた。

これに対して、社会モデルでは、障害とは当事者に内在する問題ではなく、当事者と環境との間のミスマッチとして捉える。そしてそのミスマッチした環境は、しばしば社会が作り出したものである。たとえば、かつては車椅子の人が大学で授業を受けることは困難であった。大学の校舎には車椅子の入れるエレベータが完備されておらず、教室も車椅子が止められるスペースはなかったからである。

しかし、これは建物や教室の設計が、足に障害のない健常者を基準として作られ、車椅子での移動が想定されていなかったからである。現在では、大学では、車椅子で授業参加できるような構造に建物が作られるようになった。足や脊椎の損傷（インペアメント）は、大学構内を移動できないというディスアビリティの直接の原因であるのではなく、車椅子での移動が可能な環境を整えれば、そのディスアビリティは生じないのである。

ただし、その後、社会モデルに対して批判もなされてきた。ひとつには、社会モデルだけでは、障害者が抱えている問題を完全に解決することはできないという実践レベルでの認識に由来している。障害の生物学的・医学的条件は軽視できない。環境の改変や社会制度の変更、周囲の人間の態度変更だけでは、対処に難しい障害も存在する。とりわけ中枢性とされる障害はそうである。インペアメントとディスアビリティの区別に関しても、両者はしばしば連続していて、はっきりとした境界線が引けない場合もある。

しかしながら、社会モデルは、障害が生じる環境要因・社会的要因に着目したこと、そして、障害の問題を論じるのに、医療者や教育者などの専門家からだけではなく、当事者からの発信を重視するように求めたことに大きな貢献がある。社会モデルは、障害者を市民として包括するように、社会をより参加的で、共生的なものにするように求める動きが促進されたのである。

国連が定め、日本も二〇一四年に批准した「障害者の権利に関する条約(1)」では、社会モデルの発想が取り入れられ、「障害が、機能障害（インペアメント）を有する者とこれらの者に対する態度及び環境による障壁との間の相互作用であって、これらの者が他の者との平等を基礎として社会に完全かつ効果的に参加することを妨げるものによって生ずることを認め」と書かれている。そして、その「第二十四条　教育」では、教育についての障害者の権利を認めて、それを差別なしに、機会の均等を基礎として実現するため、「障害者を包容する教育制度（inclusive education system）」等を確保することとし、その権利の実現に当たり「個人に必要とされる合理的配慮が提供されること」としている。「合理的配慮（Reasonable accommodation）」とは、「障害者が他の者と平等にすべての人権及び基本的自由を享有し、又は行使することを確保するための必要かつ適当な変更及び調整であって、特定の場合において必要とされるものであり、かつ、均衡を失した又は過度の負担を課さないものをいう」と定義されている。

ここで、「平等（equal）」という言葉が出てくるが、その意味は、人々を社会に「包括する」ということから切り離せない。この点を踏まえて改めて平等とは何かについて論じてみよう。

機会均等と平等の基準

機会均等は、日本を含めた民主主義社会では、すでによく知られた概念である。それは、「人種、性別、年齢、障害を理由とする差別なしに扱われる権利全般的な自由」（オックスフォード辞書）あるいは、「男女、人種、宗教などが違っても、公平に扱われ、同じ機会を与えられるべきだという考え方」（ケンブリッジ辞書）を表わしており、とりわけ就業に関して用いられる。逆に言えば、能力（ここでは「経験」も能力に含めることにしよう）を理由とした、合理的な根拠があれば、機会は不均等であっても構わないことになる。民主主義社会では、教育の機会均等は、ほぼ整備されていると考えられている。

日本でも、人種、性別、年齢、宗教の別に関して、機会の均等は維持されていると言えるかもしれない。しかし、障害に関しては、教育を受けられているものの、他の子どもたちと一緒に教育を受けられているかは、インクルーシブ教育がどれだけ実施されているかに依存するであろう。

人間はさまざまな面で互いに異なった存在である。異なった自然環境と異なった社会のなかに生まれて育つ。ある地域の自然環境は穏やかであるが、そうではなく、自然が厳しい地域もある。自然環境や地理学的条件に応じて、発展する産業や文化も異なっており、そこに住む人々の気質やメ

（1） 外務省 HP https://www.mofa.go.jp/mofaj/gaiko/jinken/index_shogaisha.html（2025. 1. 6 参照）

ンタリティに大きな影響を及ぼす。住んでいる地域の疫学的条件は、人々の健康や福祉を大きく左右する。その人が生まれた社会的条件も、甚だしく異なっている。政治体制、人口規模、平和か戦争か、宗教や文化、それらの多様性や画一性などの違いで、そこに住む人々ができること、できないことに関して非常に異なった機会をもたらす。また、それぞれの人は、それぞれの家庭や地域の歴史を背負っている。その経済的、社会階層的、職業的な差異が、ある人の人生のスタートを変えていく。自然的・社会的環境や外的特徴の差に加えて、個人的な特徴、例えば、年齢、性別、身体的・知的能力などの面でも互いに質的・量的に異なっている。

このようにそれぞれに異なる個人の間では、他の人と比べたときに、何が有利であり、何が不利であるかを評価する基準も、きわめて多様とならざるを得ない。所得や財産だけで平等を測ることはできないのは、たとえば、裕福であっても、車椅子の使用が不可欠であり、整備されない道路などによって外出が困難になっているのであれば、本人の望む生活の実現を著しく阻害するかもしれないからである。社会的地位が高く、健康に恵まれ、教養があっても、女性であれば、一切政治や職業の場に出ることを許さない社会もある。そうした女性は、男性と比べて著しく不平等になっていると言えるだろう。

標準的に定義された機会均等の視野に入ってこないさまざまな差異が、個人間にはある。したがって、どのような視点で判断するかは、個人間の不平等を評価するためには非常に重要であり、同様のことが教育の平等に関しても言える。また、どのような視点を採用するかによって、どのような状態に達したときに平等と見なされるのかを決めることにもなる。

平等概念の放棄

では、教育の平等と不平等とは、どのような視点から測られるべきであろうか。

教育哲学者のネル・ノディングズ（Nel Noddings）は、教育における不平等を判断する三つの視点を提案している（ノディングズ、2006: 第9章）。

第一に、物的資源の不平等である。これは、学校や教室、図書館、体育館などの物理的施設、筆記用具やノートなどの文房具、体育や音楽などで使う用具、教科書や書籍などの教育資源が、公平に分配されているかどうかに関わっている。

第二に、基本的な人との関わりにおける不平等である。子どもの知性、道徳性、感情など全人格にわたる健全な発達には、それを育み、促し、そのモデルとなるような人間関係が必要である。ある子どもたちは、そうした人間関係において貧弱な環境に生まれ、育ってしまっている。子どもが発達していくために、ケアする一人以上の大人との継続的で献身的な関わりが必要とされる。

第三に、カリキュラムの不平等である。子どもは、さまざまに異なった才能や特性を有していて、その差異に合わせたカリキュラムを必要としている。教育制度があっても、硬直的で画一的な教育カリキュラムしかない地域では、その子ども個人の才能や特性を活かし、それを開花させていくことができない。画一的で、一斉型のカリキュラムや授業は、不平等である。

この三つの観点を考えたときに、第一の観点は、平等・不平等を判断するポイントとして分かりやすい。それは、国家や地域社会が最初に平等を実現すべきことであり、実際にそのように試みているだろう。どのような状態になれば平等と呼べるのかも、想像しやすい。第三の点は、近代的な普遍化された、画一的な教育制度の問題点を指摘している。平等とは、あらゆる人に同じやり方で接することではない。人間の差異の多様性に注目したならば、むしろ異なった人々を同じように扱ってしまうことこそが、不平等になる。このことは、先に挙げた障害のある人々のことを考えれば、よく理解できるであろう。全盲の生徒に、点字で書かれた教科書ではなく、インクで印刷された一律の教科書を与えるのは、その生徒にとって著しく不利であり、他の青眼の生徒と比較した場合に、教科書へのアクセスの容易さに大きな不平等があると言えるだろう。

では、この三番目の視点は、教育における結果の平等を志向しているといえるのだろうか。ノディングズはこの点を論じていないので、独自に考察してみよう。

教育における結果の平等は、不可能であるだけではなく、不道徳である。まず、個々の人間のさまざまな差異と多様性を考えた場合に、教育の結果を一様にすることは不可能である。教育は能力の開発を含んでいるが、たとえば、誰もが同じような運動能力をつけることは、生得的な特性に大きな違いがある限り、不可能なことである。

また、結果の標準化をあえて実施するならば、能力が低い子どもには過重な負担をかけ、能力が元々高い子どもには、その可能性を十分に開花させないように圧力をかけることになるだろう。これは、個人にとって、最適な教育を受ける機会を逃すことになり、個々人の多様性を考えたときには、著しい不平等を意味することになる。

それだけではない。教育における結果の平等を望むならば、家庭で行われる早期の教育状況にも、公教育が介入せざるを得なくなるだろう。これは、個人の領域や親密圏に対するあまり過大な公権力の介入であり、プライバシーを侵害し、家庭から自律性や個性、多様性を奪うことになるだろう。これは、危険な公権力の濫用であり、不道徳であり、非倫理的と呼ばざるを得ないだろう。このように、結果の平等を求める教育は不可能であり、同時に、不道徳でもある。

では、個々人の多様性を無視して行われる教育がむしろ不平等であるとするならば、平等な状態とは、どのようなものになるのだろうか。平等とは、何かが等しく与えられていることを指している。機会均等とは、就業や教育の機会が等しく与えられていることを指している。確かに、教育を受ける入り口としての機会は均等にできるかもしれない。

また、高等教育の無償化や、成人の再教育などの支援制度の導入は、機会の実質的な均等をもたらす上で重要な、歓迎すべき政策だろう。個々の子どもが利用できる物的資源を揃えることも、それほど想像困難な事態ではない。

だが、教育の内容あるいはカリキュラムについて、それを平等にするには、どのようにすればよいのだろうか。教育は、社会政策として制度的な平等、すなわち、機会の均等だけではなく、個々人の発達や成長について考慮しなければならないはずである。教育制度ではなく、教育の現場に目を向けたときには、何をもって平等な教育が与えられたと判断すればよいだろうか。

筆者の解答は、人間の多様性に応じるためには、平等、公平、正義といった均衡をモデルにした概念は使うべきではないというものである。正義の女神は、左手に秤を持つ。公平においても、平等においても、各人において何かが同じものとして測定されること、何かが量的に同等であることが含意されている。しかし、これは、多様性に応じる教育（および、福祉）の領域に適用するには、不適当な概念である。

もちろん、私たちは、物的資源の平等な配分や、機会均等によって実現される平等については、これまでのように重視するべきだろう。教育資源を公平に配分するという意味での平等は、たとえば、ロールズ的な基準を採用して実行することができるだろう。哲学者のジョン・ロールズ（John Rawls）は、社会における平等は、公正な機会の均等が保持されつつ、もっとも不遇な立場にある人の利益を最大にすることによって実現されると指摘した。この格差原理と呼ばれる考え方に従うなら、教育の平等とは、教育資源を最も不遇な人びとや子どもたちに厚く手当てすることを意味する。社会政策としては、ロールズが提案するような基準が成り立つかもしれない。

しかし、不遇な子どもたちが、一体、どのような状態に到達したならば、他の子どもと平等になったと言えるのだろうか。先に述べたように結果の平等は求められるべきではない。とすれば、どのような基準にすればよいのだろうか。筆者は、教育の内容を問う次元においては、人間同士を量的に比較することによって成り立つ平等という概念を当てはめるべきではないと考える。子どもたち同士の平等を懸念するということの本来の意味とは、子どもたちの独自性と差異が十分に配慮されているかどうかを懸念するという意味のはずである。あえて量的に言えば、教育的配慮の量を等しくすべきだということではないだろうか。したがって、教育内容については、平等という考え方は、放棄されるべきなのである。

教育の平等という名のもとで本当に求められていることとは、すべての子どもに何か共通のものが公平に配分されているかということではまったくない。そうではなく、平等で求められている本来のこととは、個々人の子どもの望む生活を実現するには、どのような支援と教育が必要かが配慮されている状態であり、それによって、どの子どもも排除されることなく、一人一人が社会の中に包括（インクルージョン）されている状態のことなのである。

社会に包括されるということは、社会によって、ただ受け身に受容されるということではない。その社会において一定の役割を得て、積極的に社会参加することも含まれる。包括において欠けてはならないのは、自分の行動が、他の人間や自分の社会に影響をおよぼしているという効力感と、そこから生じる責任感である。したがって、包括という言葉で、単純に受動的な状態をイメージすることは、教育を受ける者の目線に立てば適切とはいえない。

ケイパビリティ・アプローチからインクルージョンへ

そこで、個々人の望む生活への支援について重要な論点を提示してきたケイパビリティ・アプローチについて以下で検討することにしよう。

ケイパビリティ（capability）とは、「潜在能力」と訳されることもある。ケイパビリティ・アプローチは、経済学者であり哲学者でもあるアマルティア・セン（Amartya K. Sen）とその研究協力者であるマーサ・ヌスバウム（Martha Nussbaum）が、福祉と教育を行うための基準として提起した概念である（セン、2018; ヌスバウム、2016）。ケイパビリティとは、ある人にとって選択可能な「機能（functioning）」の総体と定義される。

機能とは、その人が「どのようなことができるのか（活動 doing）」、「どのような人・状態になれるのか（状態 being）」を意味し、簡単に言えば、ケイパビリティとは、その人が実現可能なことを指している。たとえば、「健康か」「避けられる病気にかかっていないか」「幸福か」「自尊心をもっているか」（以上は「状態」）、「教育を受けられるか」「職に就けるか」「政治家として働けるか」（「活動」）などが、その例である。機能とは、その人が、自分の人生で実質的に実現可能な活動や状態を表している。したがって、ケイパビリティとは、生き方の自由度、人生における選択肢の幅を意味している。

貧困とは、センとヌスバウムによれば、満たされるべき最低限の基本的なケイパビリティが欠けている状態として定義される。言い換えるなら、貧困とは、その人が実現可能な人生の選択肢があまりに限られている状態のことを指す。幼くして労働に従事し、学校に行けないでいる子どもは、将来の職業の選択肢が著しく狭められている。貧困は、経済的な問題であるとは限らない。女性に政治参加を認めない社会では、女性は政治家になることも投票行動も許されておらず、女性の政治的な生活の自由度はやはり非常に限られている。これも別の意味の貧困である。

ケイパビリティ・アプローチの考え方では、福祉の目的は、生活の質（クオリティー・オブ・ライフ）の向上にある。生活の質とは、ある人がどれだけ人間らしい望み通りの生活を送ることが出来ているかの満足の度合いである。ここでいう人間らしい、望み通りの生活とは、ただ生活水準がある程度に達しているということではない。問題は、富、雇用だけではなく、心身の健康、生活環境、教育、リクリエーションとレジャー、社会的帰属などにも関わってくる。いくら経済的に十分な資産があったとしても、差別されていて社会参加ができないような状態は、生活の質が高いとは言えない。

マーサ・ヌスバウム

photo by Sally Ryan, 2010

ケイパビリティの概念において注意すべきは、ケイパビリティは、個々人の内的状態（身体的・心理的な内在因）だけではなく、その外的状態（環境因）の両方に関わっていることである。ケイパビリティ・アプローチでは、ある機能が成立するには、一定の環境条件が必要とされると考えられている。環境条件の整備は、ケイパビリティの開発につながってくる。

教育と福祉はただ人間の内在的な能力や内的状態にばかり目を向けてはならない。人間の能力をつねに個体と環境との相互作用の中で考える点において、ケイパビリティ・アプローチは、第一章で述べたエコロジカル・アプローチと共通の考えを持っている

アマルティア・セン

と言えよう。ケイパビリティが当人の心身に内在する個人的な能力であるかのように受け取られてしまうことは避けなければならない。本来、ケイパビリティ概念の優れた点は、機能を成立させる要因として、本人の状態だけでなく環境のあり方にも目をつけたところにあり、この点は、エコロジカル・アプローチを組み合わせて強調すべきであろう。また、ケイパビリティ・アプローチが、先に紹介した障害の社会モデルとマッチすることも言うまでもないだろう。

福祉とは基本的なケイパビリティを保証することであり、それこそが社会における平等を実現するための方策である。それは、本人において実現可能なことを開発し、人生の選択ができるように環境の整備を目指すものである。基本的なケイパビリティが与えられたなら、どのような生活を実現するかの選択は、個人に委ねられるべきである。

ケイパビリティ・アプローチは重要な視座を与えてくれるが、それを教育に当てはまた場合には、

考慮すべき点がいくつか生じてくると思われる。一つは、教育の平等とは、この考え方では、基本的なケイパビリティが皆に付与された状態を意味することになる。開発途上国での子どもの教育は、まだ基本的なケイパビリティの提供さえも満足な状態にない場合も多いだろう。

人間的で文化的な生活ができていないような状態の子どもは、まず経済的貧困を脱するような施策が必要であり、それは、教育と同時に福祉の対象であると言える。また、経済的には発展した状態にあっても、社会的帰属において自由が大きく制限されている場合も、やはり基本的なケイパビリティが満足していないと言えるだろう。

もちろん、私たちは、ある一定以上のラインのケイパビリティの付与をもって、ある水準の平等が達成されたと言うことができるが、それは、あらゆる人が他の人々と全く等しい可能性をもつようになったということではないだろう。いまだに、人間の間には大きな自由度の差異がある。では、平等になった、あるいは不平等が解消されたという線をどこに引けばいいのだろうか。

筆者は、ここでも、平等は、人々が社会に包括されるという意味で用いられているのだと指摘したい。ある民族や宗教への偏見ゆえに政治参加できない場合には、ある種の能力が阻害されているのだが、それは同時に、その社会への帰属や参加も阻害されていることを意味する。教育を受けられないということは、一定の集団に参加するのに必要とされるケイパビリティを獲得できていないことである。

人が不平等と感じるときには、自分の能力が発揮できないということよりもむしろ、ある集団に入れないことを感じているのである。平等という概念の根源的な意味とは、人間が法的な対等性を得ること、すなわち、機会均等にあるのではない。それは派生的なことである。平等の根源は、人間同士の直接的な関係性のなかで、それぞれの人が共に生きていく結合を確かめるという、いわば、愛ある受容に根ざしている。平等をただ法のみで実現しようとする試みは、どこかで壁に突き当たるであろう。

では、人間が帰属すべきもっとも基本的な集団、誰もが帰属すべき集団とは何だろうか。それは、一定の能力や知識、スキルを要求する職能集団ではあり得ない。人間が帰属すべき第一の集団とは、家族・親族のような親密な小集団がそうであろう。さらに、それを超えた範囲では、政治的な共同体、すなわち、地域社会であり、国家であろう。おそらく、国家よりは地域社会の方が、多くの人にとって帰属先として自然であろう。それは、家族のような親密な人々の集団により近いからである。

とするならば、教育は、あらゆる子どもが、国家なり、地域社会なりに、参加するために必要な水準に至るまでの基礎的な能力、たとえば、読み、書き、計算などを獲得することを保証するべきだということになるだろう。それはもっとも大事なことである。そして、教育の平等とは、そうした政治参加を可能する水準の教育をすべての子どもに与えることだとする主張もあり得るだろう。この考えは一見すると正しいように思われる。筆者も、この考えは大きくは間違ってはいないと思うが、視点として不足している点もあると指摘したい。

それは、政治参加する能力が獲得できない子どもはどうしたらよいかという点である。そうした子どもたちは、現実に、障害のある子どもたちを中心に一定数存在する。それらの子は、少数なので、特殊な例外として考えればいいのだろうか。教育の平等が、あらゆる子に一定水準の能力をつけさせて、その国家や地域に参加させることであるとすれば、それに応じられない子ども平等はどうなるだろう。この点を考えれば、ケイパビリティの付与によっては、あらゆる子どもを包括するという意味での平等は実現できないだろう。

では、どうすべきだろうか。筆者が考えるには、あらゆる子どもが「包括される」という受け身のケイパビリティが、子どもに付与されなければならない。それは、裏を返せば、ある共同体に属する人たちは、平等実現のためには、あらゆる人を迎え入れるケイパビリティを発揮しなければならないということである。

したがって、子どもは、社会の中に自分が包括される経験をすると同時に、あらゆる人を自分の仲間へと包括していく経験をしなければならない。教育においては、子どもに対してあらゆる人を包括するケイパビリティを教育しなくてはならず、そうした集団を形成する試みや努力も経験されなければならない。結論すれば、教育の平等とは、教育において大人にも、子どもにも、包括性を教育することに他ならないのである。それは、教育する側が包括するケイパビリティを獲得し、それを発揮すると同時に、教育を受ける側、つまり子どもの側も包括するケイパビリティを獲得し、発揮しなければならないということである。

その際に、包括するとは、ただ一緒にいるというだけではない。誰もが共同体の一員として認められ、自分固有の働き、あるいは参加の仕方、自分固有のコミュニケーションの仕方を認められなければならない。そうした包括するケイパビリティを子どもに教育することこそが、教育の平等なのである。教育の平等とは、獲得できる能力の問題ではなく、社会的包摂の問題なのである。それは、コミュニケーションする共同性を作り出すことであり、子どもが相互に変容しうる場を提供するということである。

そして、そのためには、子どもアドボカシーのような試みも必要とされるだろう。子どもアドボカシーとは、子どもが意見や考えを表明できるようにサポートすることである。子どもアドボカシーを実践する人であるアドボケイトは、保護者や学校など子どもに関わる人や組織から完全に独立している必要があるとされる。もしアドボケイトが保護者や学校から派遣されていれば、子どもは気を遣って真実を話せないかもしれないからである。

対話とインクルージョン、子どもの意見表明権

以上に論じたように、教育の平等とは、子どもがインクルージョンの仕方を学び、それを実践することである。それは、どのように可能なのだろうか。それは、誰もがその一員として認められるにはどうすればよいだろうか。それは、子ども同士が、自分たちの社会について対話をすることを

通してである。そして、この点は、ノディングズが論じた不平等に関する第二の点、「基本的な人との関わり」に関係している。

ノディングズは、ある子どもたちは、大人からの愛情に恵まれていないという人間関係の貧困を被っていると指摘する。保護者や養育者を失った子ども、保護者が育児を放棄したり、逆に虐待に走ったりした子どもの場合は言うまでもない。だが、それ以外でも、成長に必要とされる知的・感情的・道徳的な人間関係において乏しい生活している子どもも数多くいる。経済的に裕福な家庭であっても、家庭内暴力や、教育虐待を親から受けている子どもは少なくない。

大人は子どもが生き抜いていけるように、ケアしていかなければならないが、こうした人間関係は、しばしば家族などの親密圏で形成される。そのため、教育の公の側面に注意を向けがちな教育関係者は、私的で内密な領域については触れることを避けてきた。

しかし、人間には、誰かが自分のことを聴いてくれ、自分に起こったことを誰かが案じてケアしてくれると信じられる状況がどうしても必要である。良き医師や看護師は、患者の良き聞き手であり、共に病魔や怪我に向き合ってくれることが、患者に安心と生への意欲をもたらす。これと同じことが子どもには是非とも必要なのである。それは、自分が世界に存在していることを誰かが保証してくれるという安心感につながり、さらに、世界に対する信頼感と、成長への意欲を生み出すだろう。

教育における人との関わりは、子どもへのケアを含みながら、さらに世界に対して子どもを開いていくような関与が必要である。言い換えれば、子どもは大人からの愛情と温かみのある交流を与えられるだけではなく、他の人と共通に向き合う世界を提示される必要がある。

子どもに提示されるべきなのは、子どもが経験できる範囲を超えて、時間的も空間的にも広く、多様なつながりに満ちた開かれた世界である。ここで言う「世界を開く」とは、世界が新しい側面を見せ、それに対して関心を持ち、向き合い、働きかける意欲と勇気を持てることである。

子どもを受け入れて、その話を傾聴し、かつ、共通の世界を開いていく活動は、対話的な関わりにおいてはじめて可能となる。これまでの教育政策は、しばしば個人に能力付与をすることに、別の言葉で言えば、個人の可能性を増やすことに中心が置かれていた。ケイパビリティ・アプローチもその一つである。もちろん、個人のケイパビリティを拡張することは重要なことである。

しかし、ここで筆者が述べる、子どもとの対話的な関わりとは、教室内で話し合いをする機会を増やせばすむようなことではない。子どもが、自分を取り囲む人たちと、すなわち、保護者や教師、学校の友だちと対話する機会を得ることはきわめて重要である。このことは、筆者は、子どもの哲学の活動を通して、常に主張してきた。

しかし、子どもを世界に開くということは、それ以上のことを指している。子どもが世界に開くとは、政治的共同体全体に、その声が届き、その声を真剣に聞いてもらえることを意味している。それは、大人の世界に、子どもを向かい入れることである。そのことを端的に示しているのが、子どもの意見表明権である。

子どもの意見表明権とは、一九八九年一一月に国連で採択された子どもの権利条約の第一二条において子どもの見方（意見）の尊重を義務付けた項目（the Convention on the Rights of the Child obligate to "Respect for the views of the child"）である。子どもの権利条約第一二条は次のように規定している（国際教育法研究会訳）。

1. 締約国は、自己の見解をまとめる力のある子どもに対して、その子どもに影響を与えるすべての事柄について自由に自己の見解を表明する権利を保障する。その際、子どもの見解が、その年齢および成熟に従い、正当に重視される。

2. この目的のため、子どもは、とくに、国内法の手続規則と一致する方法で、自己に影響を与えるいかなる司法的および行政的手続においても、直接にまたは代理人もしくは適当な団体を通じて聴聞される機会を与えられる。

9. この一般的意見は、意見を聴かれる子ども個人の権利と、子ども集団（たとえばある学級の学童、近隣地域の子どもたち、ある国の子どもたち、障害のある子どもたちまたは女子）に対して適用される意見を聴かれる権利という、委員会が設けている区分にしたがって構成されている。

10. 締約国は、子どもが自由な意見をまとめることを奨励すべきであり、かつ子どもが意見を聴かれる権利を行使できるような環境を提供するべきである。

それは、ここのでの子どもの“views”とは、意見であると同時に、ものの見方や感じ方も含まれており、それを大人が真面目に聴いてくれる権利である。そこでは、一般の表現の自由の権利に加えて、発言を聴かれて、真剣に受け止めてもらえたという経験を重視している。そして、こうしたプロセスを権利条約は「参加」と呼んでいる。「子どもに影響を与えるすべての事柄」ということは、国家における教育政策や法律の設立はもちろん、地域の教育行政、学校の運営、クラスの経営に関しても意見を表明することができるということである。さらにそれは、学校の選択やカリキュラム、成績評価の方法、さらに入試のあり方などについての子どもの意見さえも含まれてくるだろう。

この権利を軽く捉えてはならない。このような発言のできるケイパビリティ、すなわち、対話する機会と環境が設けられ、そこで自分を取り囲む教育のあり方について対話に参加できるケイパビリティを、子どもに付与すべきなのである。二〇二三年に施行された、日本の子ども基本法では、「すべてのこどもは年齢や発達の程度に応じて、意見が尊重され、こどもの今とこれからにとって最もよいことが優先して考えられること」と定められており、意見表明権を国内法として後押ししている。そして、障害のある子ども、特別支援教育を受けているさまざまな子どもに対してこそ、この権利が保証されるべきだろう。障害のある子どもには、とりわけ、先のアドボケイトが必要とされる。意見表明権利の確保とその行使の推進こそが、具体的な意味での教育の平等である。

子どもたちには、さまざまな可能性としての自由と同時に、人間とのつながりと世界とのつながりとが与えられるべきである。そこには、学校の中だけではなく、社会一般とのつながり、国際社会とのつながりも含まれている。それは、あらゆる大人と子どもが、子ども同士が、互いに結びつきあって世界に向き合うことである。これが対話的な関わりであり、それは、結局、子どもに発言させながら、コミュニティを共に形成することに他ならない。学校においても同様である。対話とは、真理を探求するコミュニティを作ることである。対話的で包括的なコミュニティを形成し、再形成することが、教育の平等を保証するのである。

ケイパビリティは、生活の質を高めるための選択肢を与えるものである。たしかに、人間誰もに共通している基本的なケイパビリティが存在するであろう。たとえば、正常な長さの人生を全うできることや、身体的健康（栄養、住居、健康、出産の健康）、身体的拘束のないこと、移動や暴力からの自由、性的満足と生殖における選択の自由などがそうである。識字、数学的・科学的な基礎素養も、現在では人類に共通して求められるケイパビリティであろう。

しかし、さらにそれ以上のケイパビリティを開発する教育に関しては、それぞれの子どもが、自分がどのような生活の質を望んでいるのか、将来どのような人生の航路を望んでいるのか、これに応じて、学ぶべき内容も変わってくるだろう。それを、大人や権限のある者の独断で与えてはならない。子どもの意見を傾聴すべきである。生活の質（クオリティ・オブ・ライフ）を高めるには、自分で自分の方向や価値を選ぶこと大切である。自分がどのような存在であり、どのような将来を望み、どのような方向で生きていくのか。こうしたことは、多様な人との豊かで深い対話によって徐々に醸成されるべきものである。

そのためにも、教育が子どもに対して「世界を開く」ためには、自分自身の生活や将来、人生に関わるさまざまな価値について、子ども同士で、あるいは、教師や大人も交えながら、人生と社会の基本的なあり方について対話的な交流をする必要がある。そのような機会を学校の中にも設けるべきであろう。重い障害を患っていても、貧困の中に陥っていても、言葉を用いなくとも、そうした対話的な交流は可能である。繰り返しになるが、そのための最も重要な制度こそが、子どもの意見表明権なのである。

第八章　教育的タクト――対話と沈黙の時間

カイロス的瞬間としての対話

本章では、子どもに戻るための重要な契機、対話の教育的意義に注目してみよう。対話は、時間的な過程である。対話は、そのときの参加者で、そのときのテーマで、その交流の流れにおける一期一会の出来事である。その証拠に、後日、同じテーマで、同じメンバーで対話を行っても、同じような議論の流れにはならないことがしばしばである。

対話の中で、瞬間的に素晴らしい洞察が生じたり、思いもかけない新しい方向性がひらけたり、突然に優れた解決案が生まれることがある。複数の人間が話し合い、作業する中で、創造的なアイデアが突然、偶発的に生じることを創発性と呼ぶが、対話は創発性に満ちた時間である。

先に述べたように、こうした、通常の時間の流れとは質的に異なる、大きな優れた変化をもたらす瞬間を、カイロス的瞬間とか、カイロス的時間と呼ぶことができる。カイロスは、前髪しかないギリシャ神話の神である。それは、やってくるのを待ち構えていてはじめて捕まえられるのであり、すぎてしまえば、もはや捉えられない。

クロノスの、社会に共通の基準で測られた平板な流れとしての時間と異なり、カイロス的瞬間は、完全な時間であり、質的な時間であり、至高の時としての今現在のことである。それは、ルーティンをこなす習慣や慣習が支配する時間とは全く異なる。むしろ、カイロス的瞬間は、それらの習慣や慣習を変える機会となる。ルーティンを無事に済ますことばかりに注意を払う者は、カイロスの前髪を取り逃し、自分を変化させることができないばかりか、なぜ、自分を変えられないのかさえ理解できないだろう。カイロス的瞬間とは、これまで出会わなかった人や物、出来事と出会うことによって、自分が全面的な、ときに掛け替えのない変貌を遂げる瞬間であり、一瞬にして新しい場所へと導かれたかのような、これまでにない自由が訪れたかのような瞬間である。カイロス的瞬間は、やってくるという意味では、当人にとって受け身で経験する時間であるが、そこには、来るべくして来たという感じが伴い、自分の実存の変容が集約的に表現される。

教育もまた、時間的な過程である。教育的現実は、対話におけるように、カイロス的瞬間に満ちている。対話における真の重要な瞬間、すなわち、創発的なカイロス的瞬間がいつ、どのようにやってくるのかは、予定されておらず、予測することすらむずかしい。せいぜい、予感のようなものを持ちながら、さらにその対話に参加しながら、その瞬間が来るのを待つのである。

待つことは、先に論じたように、待っている者の方に自分を投げ出し、その場に身を預けつつ、自分の予想を超えた何かが到来するように願うことである。この待つという状態は、祈りに似た行為であると言う人もあるかもしれないが、それは、教会で跪く祈りからは程遠い。単に受け身の状態では、重要な物事の到来を逃してしまう。カイロスの前髪を、通過する一瞬に手を出して捕まえないといけない。釣竿を垂らして待っていても、放心しているだけでは、魚に餌を取られてしまうだけだろう。

ある意味で、待つとは、受動的な能動、気を張った解放とでも言うべき状態のことである。対話で言えば、一連の発言のやりとりの中で、ふと誰かが思いがけず、これまでにないすぐれた発想を口にだす。ファイシリテータは、その瞬間を逃さずに捉えて、その発言者に趣旨を確かめ、他の人たちからその発言への応答を引き出し、発言を大きな変化へのきっかけとして開いていく。興味深い発言に対して即応することが、創造的で創発的な対話への鍵である。カイロス的瞬間とは、こうした瞬間である。

カイロス的瞬間を捕まえるには、準備は必要であっても、計画通りにはいかない。計画通りでは創発的とはいえない。ルーティンを繰り返す技術だけではカイロス的瞬間を捉えることはできない。とはいえ、何かの技術と準備の積み重ねがなければ、その重要な瞬間に身体が反応してくれない。さまざまな技を身につけているからこそ、自己を脱却することができるのだし、そのためには何者にもなれる柔軟な身体性を身につけておくことが必要である。カイロス的瞬間を逃さないためには、知的でなければならないが、同時に実践的で身体的な備えや構えが要求とされる。

カイロス的瞬間には、創発的な思考、即応的で即興的な対応が求められる。リズムは、古代のギリシャ語では、もともと「即興的な配置」を意味していたと言う。その意味で、リズムとは、新しい始まりの絶えざる反復だと言えるだろう。そうした意味での、リズム、すなわち、相互に発言を転じ合う波動をつくることが、カイロス的瞬間を到来させることだろう。

タクト

教育学者であり、現象学者であるマックス・ヴァン＝マーネン（Max Van Manen）は、創発的で、臨機応変の対応を「タクト（tact）」と呼び、教育的実践における最も重要な構成要素であると指摘した（Van Manen, 1991, 2015, 2023; 村井、2022）。教育という営みは、カリキュラムや原則や教科書以上に、教師のタクトに依存している。教えるということは、ただ計画した通りの進め方をするだけでは不十分であり、教育の機会を逃さず捉える即興性も含んでいる必要がある。

タクトとは、具体的にどのようなものであろうか。私たちは、どうすべきかわからないとしても、何かをしなければならない非常に重要な場面に相対することがある。そうした場面は、重要な変化をもたらすカイロス的瞬間へと発展する可能性がある。つまり、その場にいる人々の行動・言動によって、素晴らしい局面へと展開することもあれば、その重要な機会を逃してしまい、良い変化のきっかけを失うこともあり、場合によっては、非常に悪い局面へと突入したりすることもある。そのような局面に置かれたとき、私たちには、熟慮したり計画したり、じっくり相談しているような時間はない。

タクトとは、ある機会を捉えて、なすべきことを的確に為す能力である。それは、何をすべきかをすぐに感知し、その場で他者と関わっていくような、即興的なスキルやまなざしである。それは、機を見るに敏、機転を利かすとでも呼ぶべき能力である。むしろ、タクトは、それを発揮する機会を求めて、いつも準備状態にある構えのことだとも言えるだろう。

ウェブスター辞典は、タクトを、「他者と良い関係を保ち、争いを避ける為に何をすべきであり、何を言うべきか、その鋭敏な感性」として定義している。よって、タクトは、まずは他者に向けられた実践を意味する。火災現場での消防団員の活動にも、機転と機敏さ、即応性が必要であろう。

マックス・ヴァン＝マーネン

だが、それは人を対象とするタクトとは少し違う。もともとタクトは、語源的にラテン語の「接する tactus」に由来し、触ることからくる影響を意味する。それは、「偶然 contingere」に由来する「接触 contact」という用語とも関連している。

したがって、タクトとは、対象に、状況に、十分に接しているということであり、そこには、人に触れることに伴う、繊細さ、感覚の鋭敏さや弁別力、注意深さや用心深さ、やさしさや思いやりが含まれている。タクトとは、身体的な交流、言葉、ジェスチャー、目線、行為、沈黙によって、他者に触れることである。

タクトで求められるのは、即時的、状況的、即興的に場面に対処することであるが、かといって、ただ素早く決断し行動すればよいというものではない。タクトを必要とする状況においては、とりわけ、教育に関わるような状況では、そこに関わる人間たちの感情を汲み取るような豊かな感受性と共感力が求められる。感情を深く湛えながら、思慮深く、利発に、実用的に行為する必要がある。その人の思慮深さや洞察力といった知的要素と、豊かな感受性と共感力とが、その一瞬の行為に凝縮されているような振る舞いがタクトなのである。

タクトは、熟慮され、議論が尽くされた認識に基づいた行為ではない。それは直観と感受性に基づいた行為である。タクトを示す人は即座に、確実に、自信をもって、複雑で繊細な状況の中で行為する能力を有している。

タクトは、計画的な行為ではない。偶発的で、突然に生じた事態に対して応じることである。しかしタクトは、常に準備状態にある人こそが発揮できる。何かを計画し、あらゆることがその範囲に収まると信じている人は、予想外、予定外の事態に狼狽し、的確なタクトを示すことができない。タクトは、即興的な行為であるが、同時にその人が保持し続けているような態度や原則、方針のようなものの発揮なのである。タクトは、普段からさまざまな状況を、注意深く意味的に関連づけて理解している人だけがうまくなし得る行いである。

良きタクトは、人間を対象にする行為であっても、そこには相手を操作するような意図はない。言い換えれば、タクトには、何かの目的のためにその人を利用しようという意図はない。例えば、子どもが何かを成し遂げたことを褒めるとき、本当は評価的には完璧ではなくても、何が称賛に値するのかを愛をもって見ている必要がある。

しかし、誤ったタクトは、何かの下心のために、子どもを操作し制御したい願望に基づいている。対話も同じである。対話も参加者のタクトによって進み、優れたタクトが素晴らしい議論を引き寄せる。あらかじめの計画や意図は、むしろ発言を停止させ、発想を萎縮させ、対話を台無しにする。

教育的タクト

教育には、まさしくその瞬間に子どもに働きかけなければ意味がなくなるような瞬間が存在する。その瞬間に行動しなければならず、その行動がうまくいけば、代え難く優れたカイロス的瞬間が訪れる。

たとえば、生徒が質問をしたときに、教師には教科書を参照している時間はないが、一方で、そこで生徒の知的要求に応えることができれば、その生徒の教科の理解を深め、知的好奇心を増幅させることだろう。子ども同士がケンカをして、その場でどのように諌めるか。子どもが集中力をなくしたときに、どのように示唆を与えるか。教育的タクトは、子どもに接する中で日々必要とされる。

ヴァン＝マーネンによれば、「教育的タクト」は、一般的な「タクト」からは区別されなければならないという。一般的な大人同士のタクトは、相互的・対称的な関係において行われるが、教育的タクトにおける大人あるいは教師と子どもの関係は、非対称的である。子どもは大人にとって庇護されるべき対象であるし、教師は子どもを教育的に導く義務を負っている。教師は子どもに対して権力を持っている。

教育的タクトとは、「子どもにとって正しいこと、または良いことを行うこと」である（Van Manen, 2015: Chap. 7）。それは、教師の自己弁護や自分の利益の保護のために行うものではなく、また、マニュアル通り、ルール通りの一方的な振る舞いでもあり得ない。教育的タクトは、子どもがどのように物事を経験し、どのように行為をするのかを、子ども一人一人の独自性のもとにとらえなければならない。教師は、何より「その子にとって、この経験はどんなものだろうか」と問わなければならない。それは、子どもを主体としながら寄り添うことであり、子どもを対象として制御することではない。

かといって、タクトに満ちた態度とは、従順で、黙従的で、おとなしいばかりの態度を意味するのでは決してない。むしろ、タクトは、力強く、率直であり、確信に満ちたものである。タクトは、子どもに対して正直で誠実であるとともに、毅然として筋が通った態度として表れることもある。それは、有益と思われる状況では、直接的で、断固とした行為をとることが適切な場合もある。それは、逃げを打つ、ごまかしやまやかしの態度からは遠いものである。

よって、教育的タクトとは、他者へと向けられたケア行為であり、道徳的態度と呼ぶべきものの一形態だと言えよう。

では、教育的タクトとは何をすることなのだろうか。ヴァン＝マーネンによれば、教育的タクトは子どもの「余白（space）」を保護し、傷つきやすいものを保護し、傷を防ぎ、壊れたものをもとのように直し、良いものを推し、独自なものを発展させ、個人の成長を促すのである。これが、ケアリングに求められている行為と共通することは見て取れるだろう。

優れた教育的タクトとして、たとえば、次のような高等学校での事例をあげることができるだろう。

身体が逞しくて大きい、カッコをつけたがるタイプの男子生徒がいる。彼は、少し口下手で、授業中は発言することはなく、時々学校を休んでいるという。文学授業で、ある教師が詩を教えていると、ある日、その男子生徒が他の生徒よりも早く教室にやってきて、文学の教師に少しぎごちない態度で紙辺を渡して「先生、これ俺が書いたんだけど、どうかな」といった。

それは授業で教えた書き方を使った詩であったが、出来栄えはとても優れたものだった。「俺、あの授業の後で、しばらく書いてみたんだ」。教師は、それを教室に張り出していいかと尋ねる。「うん、みんなに見せてやってもいいよ」。その教師の機転が、その後の男子生徒の行動にどのような良い効果を及ぼすのか、想像できるだろう。教育的タクトは、かならずしも特別に重大な機会ではなくても、ある時機を捉えて、子どもに良い変化を及ぼすような交流をさすのである。

余白とリズム

教育的タクトの特徴のなかで、筆者が教育実践に同じく関わる者として、とりわけ注目したいのは、余白の保護と独自なものの成長である。

まず、第一の余白について論じてみよう。ヴァン＝マーネンは、子どもにとって余白が、成長や学習には不可欠であることを示唆している。この余白とは、空間的なスペースであり、時間的な猶予であり、自由にできる選択の余地である。彼の主張を展開すれば、タクトが「間」とリズムに深く関係していることが指摘できるだろう。教育的タクトとは、間合いの技なのである。

それは、日本語では「間を取る」と表現されることである。「間」という漢字は、「門」と「日」（あるいは、古い書き方では「月」）からできている。語源的には、門が少し開いていて、そこから日の光か、月の光が漏れてくる様子を形象的に表現したものである。外には光がすでに充満しており、それがわずかな隙間を通して戸の内側へと差し込まれてくる。こうした光景に、間という言葉の原義がある。

したがって、間とは、単なる空虚や無ではなく、そこから何かが現れてくる、何かが生じてくる間隙やインターバルを意味している（河野、2022: 序章）。間は、時間的であり、空間的でもあるような余白である。それは、次の出来事や行動を呼び込むような、圧縮された無であり、伸びるための溜めであり、先に可能性と対比して論じた潜在性のことである。

タクトとは、適切な間を取る技術である。それは、相手に自発的に動くために、あえて余地を与える仕方である。タクトとは、過剰に、事細かに、子どもに干渉することではない。そうしたコミュニケーション過多な家庭は、子どもに自分を反省し、内省的な自己を作る時間と余地を妨げてしまうだろう。そうして、最終的に自発的に行動できない子どもを作ってしまう。対話においても同じである。哲学対話では、矢継ぎ早に話しを投げかけ合うのではなく、十分に考える時間を持たせることが大切である。哲学対話の本質は、時間の用い方とリズムにある。対話の内容すら、時間のあり方に大きく左右されるのである。

ひっきりなしに話し合う人々は、内省が足りないために、行動を大きく変容できない。たくさんのルーティンを忙しくこなすことほど、真の発展から遠い状態はない。教育的なタクトのためには、大人は、問題が生じたときにはいつでも対応できるようにしておく必要がある。だが、その一方で、可能な限り、大人は子どもの活動から一歩下がり、子どもを遠巻きに見守ることが大切である。それによって、子どもは、安心できる状態で、自分自身のための空間的な余裕や余地、距離といったものが得られる。人は自分自身であることを望むが、それは孤立ではなく、孤独となるような余地を得ることである。それは、適切な間合いをとることである。

タクトは、相手の身体を自由にさせる空間を与えることも含むだろう。あまりに過密すぎる空間は、都会のラッシュアワーのように、相互の拒否、苛つきや怒り、攻撃的な行動や無関心を生む。人間には、一人になって自分と向き合う空間が必要である。他者と継続的に関わっていく必要のある場所においてさえ、自分の身体を動かす余地が必要なのである。

時間についても、同様に、余白となる隙が必要である。それは、自分自身に戻るために他者から干渉を受けないでいられる時間であり、仕事や動きをやめて休息を取る時間、いや、何もしないでいる時間である。

時間の余白は、生活の流れの中でリズムを作り出す。リズムのない人生は考えられない。呼吸、心拍、脈拍、食事、睡眠、排泄といった一日の中でのリズムをはじめとして、一週間の中で、月と季節の中で、それぞれの身体のリズムがあり、自然の運行と連動した生活習慣のリズムがある。リズムとは、単純に機械的に繰り返される拍子とは異なる。拍子は、メトロノームや時計の動きのように、人間が意図的・人工的に発生させた機械的反復である。

それに対して、リズムは、無意識的に、自然発生的に生じる反復する運動である。自然現象であるリズムは、同一のものの正確な反復ではあり得ない。自然の中には、純粋に反復する過程など一つもない。リズムは、波のように、昼と夜の交代のように、過去のものが更新されて戻ってくることであり、類似したものが異なった形で再来することである。自然は、新しいものを繰り返し産出する。その産出されたものの一部が互いに類似しているのである。

人間の生活のリズムは、自然のあらゆるリズムに同調している。物の細部に見られる、色や線、かたちの反復パターン、昼と夜の交代、季節の変化、太陽、月、天体の運行、潮と波の動き、風の動き、植物の成長がそうである。そして、それらの自然のリズムが人間の文化を生み出している。暦、道徳、政治、科学技術、芸術、哲学、祭典、儀式といったあらゆる文化がリズムに根ざしているからである。リズムは、単なる拍子ではなく、世界の把握の仕方であり、文化的な創造の泉なのである。

今述べてきた「間」は、リズムと関係している。リズムは、運動とその速度、その休止に関する秩序である。もともと、リズムを意味するギリシャ語「リュトモス（rhuthmos）」は、語源的には「流れる」という動詞の「レオ（rheo）」から派生している。しかし、古代ギリシャでは、この言葉は、先に触れたように、第一義的には、即興的、一時的、変更可能な形を意味していたという。したがって、リズムとは、本来、即興的で、生命的なものであり、メトロノームの拍子のように決定的で、機械的なものではない。リズムは、呼気と吸気のように往復する運動であり、生命の全体表現としての波動である。その波動の切れ目が、間であり、余地であり、その一旦の弱拍が全体の流れに返って勢いを与えるのである。

リズムは、コミュニケーションにおいても働いている。ちょうど合奏におけるリズムが、演者間の絶えざる相互的な調整によって成り立つように、対話のようなコミュニケーションも、参加者同士の間を取り合うリズムの調整が、話すという行為にも聞くという行為にも必要とされている。他者との交流において、隙間や余地がないならば、そこには、相互に役割を切り替えることができなくなり、自分が話を始めたり、話を止めたり、また聞き始めたりといった自由がなくなってしまう。そうなると、スムーズさや流暢さ、自然さが失われるだけでなく、場合によってはやり取り自体が停止してしまう。間こそが、余白こそが、次の発言を練る時間を与えてくれる。間合いをとること、これが以前に論じた「待つこと」である。

現代の人間関係においては、情報機器の発達もあり、しばしば過剰な速度と頻度で応答のやり取りがなされている。そこでは、さまざまな人からの頻繁な通信に即座に返事をするように求められ、じっくり考える余白や応答を練りあげるための溜めが許されないほどである。

こうして、私たちは、軽いけれどもあまりに頻繁な連絡によって生活が支配され、他者のその場限りの都合に振り回される日々を送っている。かつての村落社会の問題点は、そこに所属すると逃れることができず、どんな小さな評判も気にしなければならないことにあると考えられた。ある人々は、インターネットでのソーシャルメディアを使った人々のつながりが、そこから逃れることのできない桎梏であるかのように捉えている。現在のネット社会は、新しいタイプの村落社会になっているのではないだろうか。

しかし、現代社会とかつての村落社会の違いは、現代社会では、漠然とした形で社会あるいは世間という人間の総体が思い描かれている点である。そうした解像度の低い社会像は、村落社会のそれではない。解像度の高い社会像を持った人は、相手を個人として特定して、対応を個別化させる。そうではなく、現代では、社会（あるいは、世間）といった漠然たる集合を無意識に想定し、そのからの要請と思われるものに過剰に敏感に反応してしまう人々がいる。

そうした人々は、解像度の低い社会像しか持っていないことだけが問題なのではなく、おそらく、個人を集団に匹敵する存在、個人を集団と等価な存在としてみることができないでいる点が最大の問題なのである。それは、極言すれば、個人を種と同格の存在とみることである。別の言い方をすれば、個即種と考えることである。それは、私とは、実例（個体）が一つしかいない種であり、他人と呼ばれている人は同種の別個体ではなく、別の種であると考える発想である。他者との共存とは、生態系での異種生物同士の共存のようなものである。異種生物であっても私たちは共存している。こうした感覚の距離感をとることができれば、社会あっての個という全体主義的な発想を逃れられることができるだろう。

話を戻すならば、私たちに必要なのは、こうした個体感覚、命の感覚、別の表現をすれば、人間関係における余白、つまり、孤独である。孤独の状態こそが、自らを振り返る時間を与え、自発的に何かを行う力を温めてくれるだろう。孤独は自分を他の人間から完全に隔離することではない。人間関係を持ち続けるために、どうしても必要な間合いのことなのである。

人間がうまく取れ、各人に自由が与えられつつ、緩やかに人がつながり合っている状態にこそ、人は親しみと安心感を得ることができる。間をとることは、世界や他者から少し距離を取り、それに向けて自分の内側でさまざまなものを整序し、準備する余地が与えられることである。それは人間関係に生じている修復を許す距離、あるいは、人間関係のレジリエンスを発揮する時間と呼ぶことができるだろう。対話における間の取り方、沈黙の取り方は、それぞれの人間が固有のリズムが、他者のそれと調和しながらも、本来の自分のリズムが見失われないようにするためのものである。

間を取ることは、単に休息の時間や自由に動ける空間を確保するためばかりものではない。それは、連続的な過程にリズムをもたらし、その過程を勢いづかせたり、滑らかにしたり、緩やかにしたりする速度の変容をもたらすためのものでもある。それは、即興演奏のように、互いに自分のリズムを見失わないような距離を保ちながら、相手のリズムに対して、ずれを生み出しながら応答することである。リズムには創造性がある。リズムとは、新しい始まりの絶えざる反復であるという点で、新しさの到来なのである。

身体的リズムとしての対話

語ることは、身体運動である。発話にも、またリズムがあり、リズムに乗ることがその運動を勢いづかせ、介助したり、促進したりする。リズムは、今述べたように、意識的統御や意図から来るものではなく、自分の身体と他者の身体の響応、身体が呼応する世界の波動から自ずとやってくる。その意味で、リズムは、自己意識の外からやってくるといってよいだろう。

リズムは、習慣の形成と関連している。習慣はリズムの一種である。習慣は、生活にリズムを作るが、他方で、そもそも身体がリズムを持っているからこそ、あるいは、身体が他者や世界のリズムと呼応するからこそ、習慣を形成できるのである。そのリズムに身を任せることで、私たちは自分の行動の一部分を身体と世界に任せることができる。

伊藤亜紗は、吃音をテーマとした『どもる体』という著作で、リズムに乗ることは、運動を部分的に「アウトソーシング」することであり、これにより「運動が安定する」と述べている（伊藤、2018: 165–172）。伊藤がインタビューした軽く吃音のある人によれば、どもらずにうまくしゃべるには、「会話の波のようなものがあって、それに乗っけていく」、相手と会話のキャッチボールをしていて、「言葉をそのリズムのなかに乗っけるときには言える感じがします」という。この人がいうリズムとは、反復構造を持っていない会話におけるリズムである。しかしそこにもリズムが認められるのは、休止と溜めがそこにあり、発言者の交代があるからであろう。

したがって、吃音が出やすいのは、予想どおりに、話を始めるとき、口火を切るときである。その人は、「え〜っと」「う〜ん」のような前置きの言葉を「さぐり出しておく」のがうまくいくコツだという（同上、168）。

対話を始めるには、呼気のような言葉、「え〜っと」「う〜ん」を最初にその場に投じることで、溜めが行われて、その場のリズムへの同調が徐々になされていく。そうすると、生じたリズムに乗りながら次の自分の言葉が引き出されてくる。エスカレータでは、ちょっと足を出すタイミングを逃してしまうと、うまく踏み出すことがどんどん難しくなってしまう。同じように、話すことが困難になるとき、とりわけ話を始めるのに困難があるのは、対話のリズムが一旦切れてしまい、そのリズムを再興することが難しいからである。おそらく、そうしたときには、これまで話した内容を反復して話してみたり、話の流れを要約してみたりすると、それまでの流れを再現して、リズムを生み出しやすくなるかもしれない。

伊藤は、三島由紀夫の小説『金閣寺』の一節を引きながら、吃音の人たちが経験する世界を巧妙に解説している（同上、168）。ここでも、『金閣寺』を引用してみよう。

吃りは、いうまでもなく、私と外界とのあいだに一つ障碍を置いた。最初の音がうまく出ない。その最初の音が、私の内界と外界との間の扉の鍵のようなものであるのに、鍵がうまくあいたためしがない。……吃りが、最初の音を発するために焦りにあせっているあいだ、彼は内界の濃密な黐から身を引き離そうとじたばたしている小鳥にも似ている。やっと身を引き離したときには、もう遅い。なるほど外界の現実は、私がじたばたしているあいだ、手を休めて待っていてくれるように思われる場合もある。しかし待っていてくれる現実はもう新鮮な現実ではない（三島、2003: 6–7）。

流暢に話せる人は、「内界と外界との間の扉」が開いたままである。「間」の「門」の部分が大きく開け放たれている状態だと言えばよいだろうか。しかし吃音を持つ人は、この「門」が閉まっていて、やっと開いても、そこから木洩れてくる「日」（ないし「月」）に応じるようには、身体がうまく動かないということであろう。

伊藤は、発言を開始するのが難しい難発のつらさは、「世界から切り離される感覚」（同上、55）にあるという。しかし、言えなかった言葉を言い直しているときには、その言葉の意味やその状況をじっくり考え直しているのだという。哲学対話で時間をゆっくりと使うのは、この伊藤の言う言葉を反芻する時間を意図的に作るためである。

その意味で、対話に異なったペースの人々が参加することは、内容や視点が豊富になるだけではなく、リズムも複線的になり、豊かになる。複数の人が対等に参加する対話には、いや、コミュニケーション一般には、複数のリズムが含まれている。

発話とは、重層をなすさまざまなリズムをもった声の連なりである。ちょうど海の波のように、短い周期の波が寄せる中で、長い波長のうねりが遠方からやってきて、さらに船の引き波が加わり、海上には複雑な波形が描き出される。海の深いところには、それとは別の海流が流れている。自分の波動を、そのどのリズムに合わせればいいのか、簡単に応じにくいところがある。沈黙は、対話を一旦、停止させる。その中の短い沈黙は、対話から少し距離を取ることができ、その複雑なリズムを見極めるための間となってくれるだろう。

それぞれの人が黙考し、沈黙が長引くと、雰囲気は重くなるが、それもそれで、悪いことではない。そうした長い沈黙は、次の長い波長のうねりを呼び寄せる、深いリズムを与えてくれることもあるからである。多線的にリズムが進行し、そこに沈黙が入ることで、さまざまなリズムやペースの人も発言しやすくなるが、この経験則は、吃音の人たちも含めて、話に加わろうとする人のために重要なヒントになると思われる。

対話における沈黙

現代人は、メディアの発達もあり、長い時間の沈黙に耐えられない。沈黙したままの時間を何もせずにいて、その無の中で心を充実させるといったことが苦手になってしまっている。無音の時間を何かの音と声で埋めて、空白の時間を行為で埋めて、忙しいと感じることによってはじめて安心するのである。

このことは、現代人が待つことをできないこと、すなわち、予想外のことを通して自分によく変容を与えていくことができないことを意味している。忙しくしているが、ルーティンにかまけて、大きな変化を、世界に対しても自分に対しても何も引き起こせない。これが現代人である。教育は、こういう現代人を生み続けることをもう止めなければならない。

積極的な意味での沈黙は、対話やコミュニケーションに欠かせない。一切の沈黙を含まない演劇や映画の台詞回しなどあるだろうか。教育においても沈黙は重要なモメントである。それは、学びの機会の兆候である。ヴァン＝マーネンは、教育における沈黙の役割について次のように論じている。

沈黙は確かにタクトの最も強力な媒介物の一つである。タクトに満ちた対話において沈黙はさまざまな方法で機能する。……良い会話では、話した言葉と同じくらい沈黙が重要である。タクトは静寂の力といかにして沈黙を守るかを知っている（Van Manen, 1991: 177）。

沈黙とは、子どもが自分自身になるための時間的余地である。沈黙は、誰をも受け入れる余地のある寛容で、静かな場所に生じる。優れた沈黙とは、待つ態度の表出である。そこには、あえて意見を差し控えてただ誠意を持って聞く傾聴する態度が感じられるだろう。

沈黙の中では、次の発言を受け止めてくれる信頼感や開かれた雰囲気が持続している。相手の発言を自分の立場から精査反駁して、論破してやろうとする拒否的な態度はありえない。沈黙を楽しむ場所には、言葉を待ちながらも、ただ静かに通り過ぎてゆく時間、あるいは、発言を躊躇する遠慮がちな態度さえも微笑んで許容するようなゆるやかな時間が流れている。

だが他方、沈黙には、悪しき沈黙もある。沈黙は、怒りや応答の拒否の表現であったり、無関心や排除の表現でもあったりするからである。反抗的で復讐心に燃えた人の沈黙は、話すことの拒絶であるだろう。そのような沈黙は、交流への抵抗であり、人間関係の忌避である。またその場に飽きて、関心を失っている場合や、気持ちが集中していない時にも、「上の空」としての沈黙が生じるだろう。

注意すべきは、礼儀正しさが沈黙を生んでいる場合である。日本では礼儀正しさは、人間関係における素晴らしいこととして評価されている。しかし、礼儀正しさは何よりも重んじるべき態度だろうか。友情や愛といった他者との関わり、あるいは、真理の探究の方にこそ、より重きを置くべきではないだろうか。他者の人格の尊重としての礼儀は欠かせないこととはいえ、礼儀正しい態度なるものは、話さないことの一種であり、沈黙に他ならないことを自覚すべきだろう。その場合、互いの地位と立場に気を取られ、真理の探究から気持ちが逸れてしまっていないだろうか。礼儀は他者と距離をとることである。しかしそれが相手に動ける余地を与える間合いではなく、身体が冷えてしまうような距離ともなれば問題である。礼儀正しさは、しばしば率直さからは遠く、自己表現からも遠い。ときに不誠実でさえある。礼儀が上下関係の確認として使われている場合には、なおさらであり、そのような遠慮の中では誠実な対話はできない。礼儀正しさとは、誠実さの観点から見れば、虚偽の一種である。虚礼は廃するべきであり、礼儀正しさの大きな負の側面を心しておくべきである。

それに対して良き沈黙には、他者の受容と共に自己への沈降、思考の時間が伴っている。対話の中で沈思黙考が起こり、沈黙が支配するときがあるが、それはその対話の場が安心できる場になっている証拠である。長い沈黙は、対話者が他者の言葉を引き取り、自分の内側で反芻し、自己自身に触れているときに生じる。そうした時には、互いに話しかける必要はないだろう。複数の人間の中でそうした沈思黙考に入った人がいても、そのまま議論を続け、その人が再び輪の中に入るのを待てば良いだろう。

対話と言葉には必然的に沈黙が含まれ、タクトはそこで生まれてくるものに気遣うような、何もしないでいることも含まれている。議論を盛り上げなければならない、大声の笑いに満ちなければならないという気持ちが生じるとしたら、その場に実は、笑顔の背後に攻撃的な緊張が満ちている証である。

沈黙の全くない対話は、思考を伴わない軽薄なやり取りとなるであろう。思考を誘うような発言には、その後に必然的に沈黙が伴い、優れたファシリテータは、その沈黙の中から何か新しいものが生まれてくるのを待つ。その意味で、ファシリテーションは、いつも発言を促すようであってはならず、何もしないでいることが最善の策である場合も少なくない。

場面緘黙とリズム

哲学者のマックス・ピカート（Max Picard, 2021）が指摘しているように、沈黙は言葉を放棄することではなく、ただ言葉が発せなくなったことで生まれる残りのような状態ではない。しかも沈黙とは、ただ対話を優れたものにするための機会に尽きるのではない。沈黙は、ただ言葉の尽きたところに生じる出来事ではない。それは、私たちがこれまで述べてきた潜在性そのものなのである。沈黙は、人間の言葉のやり取りや、コミュニケーションの次元を超えて、さらに深い世界のあり方を露わにする出来事なのである。リズムが人間のものではないように、沈黙は人間のものではない。それは世界のあり方である。

哲学者にして登山家である串田孫一はこう述べている。

岩は、人間の測定の能力からも想像からもはるかに超えた力の死骸である。……花は無残にちぎりとられて捨てられても、それなりに頻りに訴えたり、少々しつっこい物語を聞かせようとするし、折れて枯れた花でもかなりのお喋りを続ける。しかし岩は喋ろうとしない。あまりに深い沈黙と静止は、これを暫く見詰めている私に、却って異様な作用を起こさせる（串田、1995: 274–275）。

岩は沈黙する。沈黙して、人間が生まれてくる遥か前から世界を見つめていた経験をその表情に表す。そして、岩の沈黙の内側には、宇宙の闇の沈黙が存在しているのである。

先に吃音を取り上げたが、それとは別に、特定の状況においてコミュニケーションができなくなってしまう場面緘黙と呼ばれる心理的な疾患が存在する（selective mutism という英語の言葉を、「選択的緘黙」と訳すと、自発的に選択しているように思われる誤解を生じやすい）（モリナガ、2017; 金原・高木、2018; スミス・レイ・スルーキン、2017; 園山、2022; 高木、2017）。

場面緘黙とは、「特定の状況において、言語的（ときには非言語的）コミュニケーションができないことを特徴とする不安障害（コトルバ、2019: 13）」である。吃音と異なるところは、社交に不安をもつ一種の情緒障害から話せなくなっている点である。

具体的には、家庭や親しい人たちとは普通に会話できるにも関わらず、学校や公共の場所で話せなくなってしまうような場合がそうである。本人も流暢に話せないでいることを自覚し、そのことに居心地の悪さや不安を感じている。他者との豊かなコミュニケーションを願うなら、治療が必要なことだろう。臨床心理学では、以下のような判断基準を示している（コトルバ、2019: 13-14）。

・他の状況で話しているにもかかわらず、話すことが期待されている特定の社会的状況（例：学校）において、話すことが一貫してできない。
・その障害が、学業上、職業上の成績、または対人的コミュニケーションを妨げている。
・その障害の持続期間は、少なくとも一カ月（学校の最初の一カ月だけに限定されない）である。
・話すことができないことは、その社会的状況で要求されている話し言葉の知識、または話すことに関する楽しさが不足していることによるものではない。
・その障害は、コミュニケーション障害（例：小児期発症流暢症）では上手く説明されず、また自閉症スペクトラム、統合失調症、または他の精神病性障害の経過中にのみ起こるものではない。

筆者も小学校などを訪問すると、場面緘黙を患っていると思われる子どもにときどき出会う。場面緘黙の子どもは、バイリンガルやトリリンガルであることも多いというが（コトルバ、2019: 19）、筆者の出会ったケースもそうした場合があった。しかし、別の場面や親しい家族とでは問題なく話しができるし、何か知的能力の面で問題があるわけではないことが多い。

場面緘黙は、社交や対人関係に不安を持つ不安障害の一種と考えられており、他の情緒障害と同様に、経度から重度まで、困難さにバリエーションがある。軽度の場合には、特定の子どもや先生とは話せるが、他の人や集団の前では困難になる。重度の場合には、公共の場所では、誰とも話すことができず、家族や親しい人たちにも話せなくなってしまうことがある（コトルバ、2019: 14）。

場面緘黙の子どもは、一般的に、言語的な応答が難しいだけではなく、アイコンタクトや表情などの非言語的コミュニケーションに問題がある場合がある。症状としては、発話だけに限らずに、身体的に緊張してしまい、表情がこわばり、口や喉がうまく動かなくなる。また、感覚が鋭敏であることが多い。質問してから反応までに長い時間がかかることがある。

場面緘黙の子どもは、分かりにくいことが多いが、かなりの割合（三〇％から七五％）がコミュニケーション全般に問題を抱えている。また、重要な点として、約七五％が聴覚機能の微妙な障害を抱えているとされる（コトルバ、2019: 18）。とりわけ、自分が話しているときに他の聴覚情報が与えられると混乱し、自分と他者が同時に話しているのを聞き分けることが困難である。したがって、話すか聞くかを、意識的・無意識的にうまく切り替えることが難しいのである。

コトルバによれば、場面緘黙を示す子どもは三つのタイプに分けることができる（コトルバ、

2019: 29–30)。第一の不安群は、もっぱら不安が主症状で、固まって動けなくなってしまう緘動や言語的・非言語的コミュニケーションの困難、社交不安を示す。第二に不安／反抗群があり、発話を促されると反抗的な行動を示し、回避したり、頑固になったり、走り回ったりする。第三は、表出言語と受容言語のいずれか、ないし両方に発達の遅れを示す不安／コミュニケーション遅滞群である。

先に触れた吃音と場面緘黙とには、共通性もある。どちらも話すことだけではなく、身体行動においても症状が認められることである。吃音は、アイコンタクトを避け、顔面の歪みや、付随行動を示すことがあり、場面緘黙では、固まった姿勢、表情やアイコンタクトの欠如を示す（スミス、2017: 97）。場面緘黙の子どもたちも、吃音の場合と同じく、緊張して身体がこわばってしまい、リズムに乗れなくなってしまうことも共通している。

ここでは、場面緘黙の治療や教育方法には触れずに、その障害の意味について考察してみよう。場面緘黙も、吃音も、会話におけるリズムへの参加、すなわち、話し手と聞き手の交代、音声と沈黙の交代、表情や視線の協応、発話の開始の仕方などに困難を感じ、身体的にも過剰に緊張してしまうことから生じていると解釈できるだろう。会話に入れないひとつの理由は、そのリズムにうまく乗れないからと言えないだろうか。ここには、自己であることと、他者とリズムを合わせることの緊張関係が読み取れるであろう。対話とは、身体的な交流なのである。そこで、言語学者・文学理論家であり、哲学者であるミハイル・バフチン（Mikhail Mikhailovich Bakhtin）のリズム論を参照してみよう。

バフチンによれば、リズムは、自己自身への関係ではなく、他者との関係のなかで体験される。リズムは対他的であり、自己自身の内なる世界は、沈黙したリズムのない世界である。バフチンは次のように述べている。「私が私のものと認める生、そこで私が能動的に自己を見いだす、そうした生はリズムでは表現されず、リズムを恥じる。そこではいかなるリズムも絶えねばならぬ。そこは覚醒と静寂の領分である」（バフチン、1984: 179）。

バフチンが指摘するには、たとえば、自分が合唱するときには、集団のリズムに服従し、他者と共鳴する身体を感じる。慣習的な共同作業、季節の行事や慣習、皆で一緒に行う労働、日々の儀礼的な振る舞いにもリズムがあり、そのリズムに合わせて社会は運行される。

その他者が作り出したリズムに加わるとき、バフチンは、それが他者への従属と追従を意味するときがあるという。リズムに乗ることは、自分の自由な在り方と相容れない。「精神の自由と能動性というカテゴリーにおいて体験される生（体験、志向、行為、思想）は、リズム化されない」（同上、178）。リズムを合わせることは、他者に自分が乗っ取られて自分が失われることだと言うのである。

筆者は、以前の著作で、このバフチンのリズム論を批判した（河野、2022: 149–153）。まず、自分の内なる世界にはリズムがないなど、全くの誤りである。また、自分が能動性を発揮するにはリズムを消し去る必要があるなど、どのような根拠で主張するのか全く不明である。身体は、常に複合的リズムのポリフォニー状態にある。人間の心理もまた同様である。

また、合奏では、共演者とリズムを合わせながら、即興的に独自の演奏をすることは可能である。リズムは機械的に同時である必要はなく、むしろ、「参与的なずれ（participatory discrepancies）」と呼ばれる演奏者間の微妙なずれ、ごくわずかな音楽的な差異や不一致が、グルーブ感を生み出すには不可欠である（Keil and Feld, 1994）。

バフチンのリズム観、ひいては他者観には、他者と自己の間に、あそび、余裕、バッファ、すなわち、間がないのではなかろうか。私たちはリズムを受け継ぎながら、転調し、複数化し、ずらしながら、相手に応じることができる。バフチンはこう書いている。「リズムの中では私は、麻酔をかけられたように、自分を意識しない。（リズムとファルムの羞恥は、佯狂の根源であり、傲慢な孤独、他者への反抗であり、境界を踏み越えていながら自らの円環を閉ざそうとする自意識である）」（バフチン、1984: 179）。バフチンは、他者の存在と視点を意識した上で、それからの離反としての孤独、それに抗う自己の自由を対置している。

バフチンのリズムの拒否は、どこかで場面緘黙の子どもが示している態度と通じているところはないだろうか。特に、不安／反抗群のそれに。沈黙とは、内的世界の形成であり、その維持である。リズムには、たしかに、他者の世界に身体的に介入し、その運動に巻き込んでいく側面を持っている。場面緘黙の不安／反抗群の子どもたちは、バフチンの「リズムへの反抗」のように、その場に加わることを拒否する。また、他者の作り出しているリズムに乗る気持ちがある子どもでも、身体の方がこわばって緊張していまい、リズムのなかで他者と共鳴することができないでいるのである。自分が話すのを人から聞かれたり見られたりすることに怖れを感じる。この場面緘黙の内気と呼ばれる態度の形而上学的な意味を理解する必要があるだろう。緘黙症とは、世界のリズムと、それに連動した他者たちのリズムと、自己の固有の世界あるいは内面との関係が問題になっている。

緘黙の人々は、二つの恐ろしさの間に縛られているように思われる。ひとつは、バフチンが指摘したように、他者とのリズム的な関係の中に囚われ、自発性や独自性、すなわち、自分自身であることを失ってしまうことの恐ろしさである。他方で、自分の沈黙を破り、何かを開始することの恐ろしさであり、それは、私たちが先に論じた潜在性が破られることの恐怖である。

それは、究極的には、始原の状態を破り、何か可能なものに向かって進んでしまうことへの恐怖である。自己を他者の前で開示し、自分の姿を表し、その場を変えていく。それまでその場を支配していたリズムの流れに乱流を与える。川を傍観していた者は、川の流れに入って溺れることを恐れながら、その川の流れを自分で乱してしまうことも恐れる。それは、大袈裟な言葉を使えば、新しい世界を産んでしまうことへの恐怖である。

場面緘黙の子どもたちは、発話を全てか無かという選択で捉えているように思われる。そうした態度は、当人が身体的にその場に参与して、そこ生じている動きをうまく自分の方にずらしながら、自分の独自性を失わずに、即興的にその場に貢献していくようなタクトを獲得できていないことから生じると言えるかもしれない。

その場にいる他の人々が、当人の参与的なずれを評価し、受容的で大らかなムードを醸し出し、さらに他のずれた参与を生み出していくように徐々に促すことが、おそらく、緘黙を解除するのに、有効な方法であると言えるだろう。沈黙が、その場にいる他者に一種のリズムを与えるものであることを知り、参加に過度の緊張をもたないこと、もたせないこと。これは、一般的に言って対話を進めるための重要なポイントでもある。

沈黙と幽霊

これまで対話や会話における沈黙の意味、自己の形成や維持、話におけるリズムの生成などについて論じてきた。しかし沈黙はそれ以上のもの、対話における一つの契機をこえたものである。沈黙とは、世界が始まる前の始原の現象だからである。沈黙は世界が無くても存在するが、世界は沈黙がなければ存在し得ない。しかも沈黙は、過去に存在していて、今はもう無くなってしまったのではない。

沈黙は、現在の世界の背後に、潜在性として存在し続けている。私たちは、沈黙において、この世界の始原に触れる。私たちの全存在は沈黙から生まれたように、言葉も沈黙の豊穣さから生まれた。沈黙は言葉がなくても存在するが、言葉は沈黙がなくては存在できない。沈黙は、言葉を生み出し、言葉の背後にあり続ける潜在性である。

しかし興味深いことに、沈黙は、人間の間の共同作業として生じる。場面緘黙は、この共同作業をやめ、発言という新しい局面に移って、対話再開という別の作業を始めるときに生じる困難である。誰もが、何か示し合わせたように、話を止める瞬間がある。発話のリズムが同調し、不意に発話の停止が訪れる。そこには沈黙が支配し、私たちは沈黙に耳を傾ける。そして、沈黙の中で、池に投じられた石の波紋を見るが如く、言葉の残響を聞き取るのである。

沈黙は、それまでの言葉のやり取りがまるで存在しなかったかのように到来し、対話を語る前の状態に、言葉を潜在性の中へと戻していく。その意味でも、沈黙は、あらゆるものを始原に戻し、私たちを子どもへと回帰させる。ここにも、多型的反復としてのリズムを見出せるだろう。

沈黙は死を想起させる。人々が沈黙を恐れるのはそれゆえである。沈黙したままの者とは死者であり、沈黙するとは一時的に死者になることではないか。死者は、大きな目で常に生者を眺めている。死者は絶対的に潜在的な存在である。何かを語ろうとして、そのままでいる存在だからである。

夢もまた沈黙である。何かを話すことは、夢のように沈黙の中からやってくる。私たちは寝言のように話すのである。語ることは、夢を見ることのように、自分でないものが沈黙の中から語り出すことである。夢は身体からやってくる。言葉もその身体が語るのである。

その語り出した夢の中の者、自分の身体に眠っている他者とは、私たちに言葉を伝えた死者ではないだろうか。私たちの身体は、他者の身体を取り込むことで言葉を獲得する。他者に憑依されて語っていると言ってもよい。その他者のなかには、無名の、無数の死者が含まれている。そうして、この身体が夢のように語る。多弁すぎる人たちは、この内なる他者であり、夢であるような者たちに支配されてしまっているのである。そうした人たちには、覚醒が必要であろう。

場面緘黙の人々が、究極的に怯えているのは、この自分の身体の中で眠る幽霊のような存在の出現、死者の出現である。吃る人々は、自分の中に眠る幽霊を、適切な形で外に解放できないでいるのではないだろうか。自分の中に巣食っている他者を外側に降臨させまいとして、自己を開放することに恐れを抱いているのではあるまいか。自分の言葉を全て所有しようとしているのではないだろうか。そう考えるならば、話すことに怯えるのはもっともなことであり、それを平気で行なっている人たちの方が豪胆すぎることなのかもしれない。しかし逆に、場面緘黙の人々に話してもらうようになるには、聞き手が幽霊の存在を受け止めてあげられることを示すことが第一歩であろう。

タクトは独自なものを成長させる

さて、再びタクトについての議論に戻ろう。ヴァン＝マーネンの指摘で興味深い第二の点は、タクトが子どもの独自性を育てるとした点である。

現在の教育は、測定可能な学習に重点を置いたカリキュラムを与え、上位の学校に行くための試験の準備に子どもをかりたて、学校は、子どもたちが共同体意識を感じられない場になっている。こうした教育のあり方は、「子どもへの平等で公平な教育とは、どの子どもも同じように扱うことだ」という誤った信念に基づいている。

そうして、そのような考えを深く受け入れてしまった教師は、子どもの間の差異を見ることができなくなる。全ての子どもが、同じ気質、能力、背景を持っているわけではない。先に論じたように、子どもたちを平等に扱うということは、一般のイメージとは逆に、子どもたちの個々の独自性を見ることとである。タクトは、それぞれの子どもの独自性に気を払う。それは、特別の能力や個性があるということだけではない。一人ひとりの子どもが自分の人生を生きているのであり、それぞれの人生の流れの中で、今自分の目の前にいるのだと実感することである。教育的タクトは、子どものニーズが何であるか、そしてこの子どもの独自の成長の経路を感知する能力に依拠している。

なぜ、そのように個々の子どもの独自性が大切なのだろうか。人は、教育では個性を尊重すべきだと言う。しかし、その個性とは何であろうか。他人と比較しての長所のことだろうか。そうではない。そのような個性尊重は、産業社会を有利に生きるための方便にすぎない。

ある人の個性は、時間的にも空間的にも、人間関係においても周囲と余白、あるいは間をとることに始まる。それによって、自己を振り返る機会を得て、自分の個人性は徐々に醸し出されてくる。すなわち、個性ないし独自性とは内面のことであり、個性・独自性を尊重するとは、内面を形成することを助けるということなのだ。

ここでいう内面とは、外からは見えない内的意識なるものを指すのではない。内面を持つとは、自分の行動を振り返ることによって、環境と同調しないでいる自分の運動や流れ、周囲の人々と共振しないでいている自分独自のリズムを自覚して、その固有のリズムを生きるようになることなのだ。

　内面とは、自分固有のリズムを刻む生命のことである。それは、自分が環境の中で生きながらも、周囲からは確実に見分けられるような部分となること、すなわち、生命ある個体となることなのである。個性とは個体であることなのである。それを、主観的な感覚に置き換えるならば、孤独を感じることと言い換えてもいいかもしれない。

　宇宙が川の流れであるとすれば、私たちはその中に生じた渦である。川の一部は、渦として循環して一定の形を保ち、川の他の部分は大きく流動して、一定の形を維持していない。渦は川の他の部分と同じく水でできており、渦が止まれば、川の一部へと戻っていく。渦とは、その流れの一部が、ひとまとまりに巻き付き、また解かれて分離していく過程である。

　しかしその渦は、固有の大きさと回転速度、位置と形状を持っている。渦に川の水の一部が引き込まれ、それまでとは異なった固有の速度と運動をして、また渦の外へと出ていく。ある渦は、ゆっくりとして大きく、他は早くて小さい。

　渦は、他の渦と比較することによって自分の固有な動きを作り上げているのではない。周囲の水の流れが反転して中心に向かい、またそこから遠心的に離れていく、そうした運動の固有のリズムが、渦としての自己を作り出していく。そのような渦の固有性を作り上げることが教育であり、独自性の尊重である。それは、個人の尊重である以前に命の尊重である。

しかし、独自性の尊重とは自己を形成するためのものである。しかしその自己の本質とは、川の他の部分と材質の違いにあるのではない。それは同じ川の水である。自己の本質とは、その材質にではなく、材質である川の水の引き込み方であり、その回転の大きさと速度であり、その回転が生じる場所にある。

すなわち、渦とは、一様に流れる川の中に、あるいは、決して繰り返さない川の流れの中に、類似したものの再来、すなわち、川にリズムを作るものなのである。リズムが作り出された川は、豊かな相貌を表してくる。独自性は、世界を豊かにするものであり、世界の潜在性を個別の中に実現する。渦ができることにより、渦は他の渦と出会い、相互に交流することもある。渦ができるということは、環境の一部にありながら、そこに同化されない存在ができ、その存在が環境と出会い、環境を豊かにする過程なのである。

さまざまな渦ができることによって、川の中には、さまざまなリズムが生まれ、さまざまなリズム同士の出会いが生まれる。これが先に述べた参与的なずれをもったその場への参加の仕方である。私たちは、渦であることによって、初めて環境に触れるのである。

渦が生じるのは、川が一直線ではなく、川幅も深さも一様ではなく、岸にさまざまな物があって水が流れる時の抵抗の違いを生み、大きな岩が川中に沈座していて流れを部分的に堰き止め、川底にも大小の岩や石があって、水の深さと流れの速度と方向を変えているからである。あるいは、川面を流れる風も、渦に何がしかの影響を与えるかもしれない。

一直線で、流れに変化がなく、周囲や上下に何も抵抗のない川があるとすれば、チューブの水流のように渦はできないだろう。教育的タクトが独自なものを成長させるのは、さまざまな渦を作り出し、渦が川の環境や他の渦と出会うこと、そして最終的に、そうすることで世界を豊かな場所にすることを目指すからである。渦のできないほど人工的に制御された川は不毛であり、個の形成を妨げ、世界を貧しくさせる。それどころか、個性のあるもの、すなわち、命への軽視を生むであろう。

川の渦の比喩から得られるモデルは、環境保護にも人間の教育にも、当てはまるはずである。環境を、多様な生態系が生み出されるような状態にしておくことが、環境保護の本質だからである。教育的タクトとは、渦が出来始め、それが力強く、固有に回転し始めるようなきっかけを作り出す行いである。それは、その個人の成長のためであり、同時に、世界の豊かさのためである。人々が愛でつながるためには、人々は独自の存在として深く分たれていなければならない。

第九章　あるべき道徳教育

以下では、これまでの議論を振り返りながら、対話と子ども性への回帰、リズムといった本書で中心的に論じてきた諸概念の関係について、もう一度、明らかにしてみよう。そして、その考察をもとにして、対話がもたらす道徳性と道徳教育への応用可能性について論じることにする。

子ども性と対話

子どもの特徴である潜在性、遊戯性、創造性、新しさは、あるいは社会的未熟という消極的な特徴も加えて、それらには共通性があると思われる。すなわち、子どもは、境界を浸潤して越境し、境界を無効化する、超境界的存在であるということである。

子どもには、社会的帰属がない。その意味で、子どもは世界にのみ属しているコスモポリタンであり、生身のひとり人間である。子どもは、つまり、人間という生物は、何も身に纏わない裸で、天井も壁もない地球という境界のない家に生まれた。所属する場所をもたず、移動できる生き物として、地球に降り立った。

子どもは、その活動や運動を自ら妨げる境界をもたない。何かができるという可能性あるいは能力の束として自分を捉えることがない。遊戯と仕事を分けたり、ルールを固定化して、プレイをゲームの中に、パイデイアをルードゥスの中に閉じ込めたりすることはしない。過去に囚われて、新しいものに取り替えることをやめたりしない。集団への帰属や社会の中での役割に自分のアイデンティティを求めたりしない。そもそもアイデンティティを求めない。自分の作り出すもの、やっていることに、時間的・空間的な境界をつけない。それを静止した作品として区切りをつけることがない。

子どもは、大人とは異なって、何かのまとめをして、それを区切り、終わらせて、何かを完成させたつもりにならない。境界は、人間の行為や活動、存在などの連続性の中に線を引き、区切りを入れて所有できるようにするためのものである。境界線を引くのは所有するためである。子どもは、境界を超えていくということは、所有と使用を区別しないということでもある。

真理を探究する哲学対話は、大人においてはひとりの子どもへと帰る過程である。子どもにとっては自らの子ども性を発展させていく過程である。哲学対話では、できるかぎり多様な人が参加して、それぞれの視点から発言することが望ましい。参加者は、発言者それぞれの背景や来歴、考え方から提示される多様な意見にさらされる。他者の意見を傾聴するということは、その意見を一旦自分の考えのように受け止め、それを咀嚼しながら検討することである。自分は、多くの参加者の一人でありながら、その全員でもある。そのなかで、皆でさらに新しい考えやこれまでになかった視座を生み出そうとする。そうした状態になることが、対話を創造的にする。

各々の参加者は、それぞれの社会的地位や立場、個人的な特性や背景さえも相対化され、一人の人間に立ち戻っていく。哲学的なテーマについて論じるならば、なおさらそうである。哲学のテーマは、多分野を通底するものであり、人間性や社会の全体に関わるものであり、異なった人生に共通するものだからである。私たちは、哲学について論じていくうちに、自分のアイデンティティを離れ、ひとりの人間として普遍性のある問いに向き合う。

何者でもないひとりの人間へと立ち返ること、それが子どもに戻ることである。それは、自分の身体に染み込んだ知識や視野を浄化することである。白黒の点の雑然とした集合にしか見えなかった絵が、他者からそれが「イヌの絵だ」「聖者の像だ」と言われると、もはやそのようにしかみえなくなる。白黒の点が一定の繋がりでしか見えなくなり、それ以外の見方をすることさえ難しくなる。その物の見方の浸透の仕方は、身体的である。そのような固定的な諸事物の関連性、別の言葉を使えば、意味を自分の身から洗い流していく浄化の作業が、私たちが別の人間になるには必要な手順なのだ。

真理を知ろうとする認識への欲求は、世界への愛の表現である。自分が世界との間に感じた距離から問いが生じてくる。その問いに答えて、再び世界を身近な存在へと戻らせようとする。しかし問いに答え、世界と自己を一致させることが愛なのではない。愛とは、自己と世界が分たれている事実を受け止め、それを埋めようとし、さらに再び別れることを繰り返すことなのである。したがって、問いから生まれるのは、新しい問いである。

世界を愛するためには、自分は世界から深く分たれていなければならない。愛は、矛盾においてしか実現されない。世界への愛は、驚きと問いによって再開される。何度でも、身近な、当たり前のことに驚き、そこに自己との亀裂を見つけることが、真理の探究の始まりである。これを、カーソンは、センス・オブ・ワンダーと呼んだ。センス・オブ・ワンダーは、世界との一体感ではなく、世界との距離感から生まれる感情である。

世界を愛することを再び取り戻すためには、大人はひとりの人間、ひとつの生命へと戻らねばならない。対話は、そのための良き機会である。大人は、子どもと対話をして、世界を愛することを再び学ばなければならない。子どもは、世界への愛を維持するために、対話をし続けなければならない。

対話は、ただ言語的であるばかりの活動ではなく、身体を伴ったコミュニケーションである。言葉の異なる人々との対話をすることは、自分の身体に染み込み、普段は気が付きもしないでいる習慣化された文化や知識、ものの見方を浮き彫りにしてくれる。私たちは、そうして国や宗教や文化といった境界を跨ぎ越して、人と繋がっていく。こうして対話が境界を超えていくので、対話は人々の間に平和を構築するものとなり得るのである。

対話的教育の目的とは、世界を愛し、平和を構築することである。対話は、自分の身体をコスモポリタン化する。それもやはり、子どもの柔軟な身体へと戻ることなのだ。それは、潜在性が可能性へと変じてしまった過程を、遡っていくことである。

対話においては、自分の思考やその場の議論が「深まった」と感じる瞬間がある。それは、自分（たち）の暗黙の基盤、あるいは、当然視された前提を問い直す契機が生まれた時である。すなわち、これまでの自分の常識や習慣、現状のあり方、自分が当然のように信じていたこと、あたり前のこととしてやり過ごしていたこと、こうしたことが、突然に問い直すべき課題として浮かび上がってきた時に、議論が深まったと感じられるのである。

議論が深まるとは、自分たちの集団が自明視していたことが、別の視点からはまったく自明ではなく、むしろ偏見や思い込みのひとつに過ぎないことに気づき、それを問い直そうとすることにある。その時に、参加者たちはカイロス的瞬間を実感するであろう。そうした対話は、個々人に沈黙の内省を促すとともに、参加者全員に新しさの発現、創発的を経験させる。個人の偏見や思い込みが他者によって問いに付されることもあるだろう。しかし、より深い議論は、参加者皆が信じ込んでいた偏見や思い込みを暴き出して、全員が自分のこれまでの考えを問い直すときに生まれるのである。

そうした対話において生じるのが、子ども性への回帰であり、別の名前で呼ぶならば、自由になることである。子ども性とは、端的に言えば、自由のことである。深いレベルに到達した哲学対話では、その過程の中で人が従来の考えから解放され、自由になっていく。哲学的な問いは、人がある考えや行動パターンに囚われていて、それが何かの問題や障礙にぶつかることから生じる。新しい状況や環境と、その自分の既存の在り方との軋轢が、問いを生み出す。そこでの問いに答えようとすることは、自分を縛っている思考や行動の枠組みを相対化して、そこから自由になることである。

自由になるということは、それまでの自分（たち）のあり方や自分の考え方を、ひとつの選択肢でしかないものとして捉え直すことである。新しい選択肢が創造され、これまでとは違った、しかしよりよい考え方や行動が生み出される。それは、以前の自分（たち）を一階上位（メタ）の観点から眺めるようになることであり、古い知識や考え方を浄化することでもあるのだ。それは解答の方へと向かって、古い自分を子どもの方へと脱皮していくことである。自分を最初の潜在性へと始源の沈黙へと戻すことである。それゆえに、対話は、セラピー的な効果さえ持つのであるし、共同体の結束を高めることも、それを改めて構築し直すことも可能なのである。

手続きによる道徳教育

対話は、社会的関係と共同性を形成することである。対話は、基本的に双方向的であり、参加が誰に対しても開かれている。対話では真理の探究が目指され、さまざまなアイデアが検証にかけられ、修正される。こうした真理の探究を目指した対話的な共同体の在り方が、民主主義社会のモデルとなることはすでに述べた。暴力を平和に置き換えるのも、また対話であるのは、対立の根本を問い直すからである。

対話が民主主義と平和の礎であるとすれば、対話は道徳性を高めるための重要な方法でもある（以下参考、金澤・河野、2024; 永井・河野、2021; 日本学術会議哲学委員会、2020）。道徳において何よりも第一に達成すべきは、戦争の回避であり、平和構築である。しかし、対話はただ人が話し合えば成り立つと言うものではない。ただ話し合いを始めれば、平和への歩みが始まるわけではない。対話は、誰にも開かれ、誰もが対等の立場で発言し、互いに意見を傾聴して理解し、それを批判的に検討し合うという態度に基づいている。この状態が保たれていなければ、真理の探究は実現できない。

しかし、こうした人間関係が生まれることは非常に困難である。日常生活においても、フラットな対話はむしろ稀である。誰もが自分の社会的地位や立場に固執しながら発言し、自分の主張を相手に押し付けようとし、権力や権威に媚び、承認を求め、自分の利益に執着する。生身の一人の人間として他者に相対するには、その場を、自由に発言しても危惧を感じない場にしなければならない。平和構築も、道徳的な向上も、公平に話ができて、自分の話を皆が聞いてくれるような場を必要としている。

したがって、道徳性とは、そのような対話の場作りと別のものではないはずである。現代倫理の理論家たち、ロールズ（John Rawls 2010）、ハーバーマス（Jürgen Habermas 2013）、ドライゼック（John S. Dryzek 1990）たちが共通して指摘していることは、道徳性に関しては、その内容に正当性を与えられる判断や規則制定の手続きこそが、何より重要だということである。

これまでの道徳性の理論では、道徳性の発達とはどのようなものであり、どのような段階で発達するかが探究されてきた。さまざまな道徳発達論があるが、そこで大きく共有されているのは、限られた人間関係の中で生じる他者への配慮や共感を、より広い範囲の人々へと拡張していく方向性として、道徳の発達を捉える考え方である。ジャン・ピアジェ（Piaget 1969）やローレンツ・コールバーグ（Lawrence Kohlberg, 1981）は、脱中心性を発達の基本とみなしながら、自己中心的な思考から、帰属集団への忠誠を経て、普遍化された道徳性への発展という発達経路を論じた。ノーマン・ブル（Norman Bull, 1969）は、他律性から集団規律へ、さらに自律へという方向性として道徳の発達を捉えた。ブルによれば、道徳の発達経路は、自己を確立していく過程と結びついているのである。ナンシー・アイゼンバーグ（Nancy Eisenberg, 2008）は、向社会性という概念を使って、道徳性を思いやりの発達として論じている。

これらの理論には相違がありつつも、身近な他者への配慮や共感を、公平に人間全体に広めていくことが道徳性の発達だと指摘する点において共通している。ただし、本書で提案したい道徳教育は、前記の諸理論のように特定の発達理論にコミットして、そこから道徳発達の方向性を示すのではなく、具体的な状況の中で、道徳的な判断と行動を行うための手続きを子どもに学んでもらう教育方法である。そのための方法は、大きく言うと二つあるように思われる。

ひとつは、これまでの本論の立場から理解されるように、対話を通して道徳的問題について皆で考える方法である。近年、ネル・ノディングズとローリー・ブルックス（2023）は、道徳的問題について、対話をすることによって道徳性を発展させる方法を展開しているが、これも対話や論争という手続きを重視したやり方である。

対話による問題解決と平和教育

具体的なケースについて意見を交換し合えば、道徳的な問題について広い視点から考えることができるようになる。それは、利己的な発想や、特定の集団の利益にばかり注目した発想から遠ざかることであり、その意味で、前記の理論の基準で言えば、道徳判断が向上することは間違いないだろう。対話することは、一般的に道徳性を向上させるだろう。

目の前で生じている道徳的問題を、対話を用いて解決していくことも可能である。対話と平和の関係は緊密である。二〇二三年に日本で公開されたドキュメンタリー映画、『ぼくたちの哲学教室』（二〇二一年作、原題 Young Plato、ナーサ・ニ・キアナン監督撮影、デクラン・マッグラ監督共同制作）は、対話の持つ平和構築の側面を明らかに示した作品である。このドキュメンタリー映画は、

『ぼくたちの哲学教室』パンフレット

北アイルランド、ベルファストにあるホーリークロス男子小学校が舞台となっている。ベルファストは、一九九八年の合意に至るまで、プロテスタントとカトリックの対立である北アイルランド紛争が長く続き、街には「平和の壁」と呼ばれる分離壁が存在する。残念ながら、現在でも、対立と紛争の火種は尽きておらず、武装化した組織が今なお存在し、人々はいまだに紛争の傷から癒えていない。やられたらやりかえせという報復感情が蔓延している。この学校で、ケヴィン校長は「哲学」を主要科目として実施する。どんな意見にも価値があると唱えるケヴィン校長のファシリテーションのもとで、小学生たちは、哲学的な問いを立てて、それぞれ発言し、異なる意見も傾聴しながら、自らの考えを深めていく。映画で見られる哲学対話の実施の方法や校長のファシリテーションの仕方は、日本を含めた各国でなされている子どもの哲学と、大きく言えば共通している。

注目すべきは、対話を行う機会とテーマである。授業として定まったテーマを論じるだけではない。子どもたちが直面する、小さいとは言え、重要な意味を持つ課題——授業に集中できない、喧嘩を繰り返してしまう、感情を抑えられない——を、その都度とりあげ、集団で、あるいは個人で、それらの課題について話し合わせて、自分の不安や怒りなどの感情、あるいは衝動を表面化させるのである。すなわち、ケヴィン校長が行っているのは、対話を通した教育的タクトである。

ケヴィン校長は、感情の暴発としての暴力の発揮を、対話と思考へと置き換えていく。感情の激発によって破壊的な行為に至らないように、言葉を使って自分を見つめ直す作業を行うのである。ケヴィン校長は、ときにユーモアを交えながら、共感と威厳のある態度をもって子どもに対話的姿勢を養っていく。これは、単に感情をコントロールするための実践ではなく、紛争と報復がいつ再発してもおかしくないこの街に、新たな憎しみの連鎖を生み出さないために、対話の文化を定着させようとする試みなのである。こうした学級内の問題を哲学対話として話し合わせて、相互理解と解決を探る実践は、日本でもさまざまな学校で実施され始めている。

子どもの哲学の第一の意義は、真理を探究する共同体に誰をも導き入れ、互いが互いの声を傾聴することにある。対話は、平和を作り出し、それを維持する条件である。また、平和は対話を行うための条件である。平和とは対話できる状態のことである。しかし同時に、対話が平和を生成する。対話は、戦争を、互いに結びついた差異へと変換する。

よって、ある人々を話し合えない人として扱うことは、互いに変化させる契機を失ってしまうことである。自らを変化させることのない人々の間には、もはや争いの可能性しか残されていない。平和構築においては、対話を持続することと同じほど、対話を開始することが重要である。対話する相手を限ってしまうことは、潜在的な敵をつくることである。対話を拒否する者、対話の中に入ろうとしない者に対して、どのように対話に誘っていくのか。ここにこそ平和構築の最大のポイントがある。

平和と対話とは相互に依存しているが、それは閉じた循環をなしているのではないはずである。争いの少しの隙間に対話を忍び込ませ、それを育てていく以外に争いの連鎖を止める方法はない。すべての人に参加を促し、対話の輪を広げ、そこで誰もが話しやすいルールを生成し、共通の問いについて論じ合う。この過程を子どもたちが学ぶこと、教室の中だけではなく、教師や家族、地域の人々とさまざまなテーマで語り合う機会をもてること、これこそが平和構築としての教育につながることだろう。対話の経験があるかないかが、そのときにとても重要なきっかけを与えてくれるだろう。

テスト・オプションによる道徳教育

深い問いに答えようとする哲学対話のプロセスは、道徳性の発達にとって非常に重要である。対話において、ある道徳上の問いはさまざまな人の立場から論じられ、多様な基準によって判断されるようになる。そうすることで、参加者は、自分を拘束していた狭い視野や考えを超え出るようになるからである。

もうひとつの道徳教育の方法は、応用倫理で実践されているテスト・オプションを用いて判断したり行動したりする教育を行うことである。応用倫理学者のマイケル・デイヴィス（2014）は、工学倫理やビジネス倫理、医療倫理の現場において倫理教育を施すときの問題点についてこう論じている。すなわち、倫理学の諸理論は、一般の人にとっては複雑で難解であり、学ぶのに時間がかかりすぎる。そして、道徳理論の専門家たちは、自分の理論の普遍妥当性を守ることに執着してしまっているが、現実的な判断を求められる応用倫理の現場では、条件や文脈が複雑に絡んでおり、一般理論をそのまま適用することなどできない。

現場で倫理的判断をする際に求められているのは、説明のための一般理論ではなく、意思決定のための手続きである。「多くの場合、非道徳理論家の興味を実際に惹いているのは、道徳を理解する企てとしての道徳理論ではなく、むしろ決定手続きとして理解される場合の道徳理論である」（同上、40）。

これと同じことが子どもへの道徳教育でも言えるだろう。道徳教育に必要とされるのは、これまでの徳育のように、「読み物道徳」によって感動を与えようとすることでもなければ、抽象的な一般理論を個々のケースに当てはめさせることでもない。必要なのは、個々の場面において道徳的判断と行動を導くことのできる一連のテストである。デイヴィスは、応用倫理が問われる場面で適用すべきテストとして以下のものをあげている（同上、38）。

・危害テスト（Harm test）：この行動が生む危害は他の選択肢より少ないか?
・権利テスト（Rights test）：この行動は誰かの権利、とくに人権を侵害するか?
・公表テスト（Publicity test）：私はこの行動の選択を新聞で公表されることを望むか?
・弁護可能性テスト（Defensibility test）：私はこの行動の選択を議会の委員会や仲間内の委員会、あるいは両親の前で弁護できるか?
・徳テスト（Virtue test）：この行動をしばしば選ぶなら、私はどんな人になるだろうか?
・専門職集団テスト（Professional test）：この行動の選択について、私の専門職倫理委員会ならどう言うだろうか?
・同僚テスト（Colleague test）：私の抱える問題を私の同僚に説明し、この行動を解決策にしたいと打ち明けたとき、彼らならどう言うだろうか?
・所属組織テスト（Organization test）：私の選択について、私の所属組織の倫理責任者や弁護士ならどう言うだろうか?

以上のデイヴィスのテストは、ビジネスの世界での実施を想定しており、「新聞で公表」「議会の委員会」「専門職倫理委員会」「倫理責任者や弁護士」といった項目は、一般的に言えば学校ではあまり必要ないだろう。しかし、これを学校用・子ども用に修正するならば、一定の発達理論を前提とせずに、どのような手続きを経たかを見ることによって、道徳的判断の高度さを評価できる（永井・河野、2021: 281-291)。道徳性は測ることができないとするのは、やや偏った考え方である。高度な道徳性と呼ばれる状態や態度には共通性があり、判断も類似している。そうであるからこそ、医療倫理やエンジニア倫理、ビジネス倫理では道徳性の向上が目指されるのである。

道徳性のテストに戻るならば、学校での教育として導入するには、「専門職集団テスト」は、不要に思われる。用語の修正としても、たとえば、公表テストは「私はこの行動の選択をみんなに知られることを望むか?」としたり、「同僚テスト」を「友だち・クラスメートテスト」としたり、「所属組織テスト」では「担任の先生や校長先生」と変えればいいだろう。

こうして、危害テスト、権利テスト、公表テスト、弁護可能性テスト、徳テスト、クラスメートテスト、先生テストなどの項目を作って、具体的な事例を判断させると同時に、具体的にどのように行動するかについて考えてもらうとよいだろう。これらのテストを考慮に入れながら道徳的判断をすることを繰り返せば、道徳的なタクトとでも呼ぶべきものが養われるだろう。

道徳性は、個人の主観による価値観であり、客観的に測定するにはそぐわないという意見もあるが、それにもあまり根拠がない。すでにみたように、道徳の発達理論には、かなり共通性が認められるのだし、成人用のビジネス倫理やエンジニア倫理、医療・看護倫理でも、より高度な道徳的段階というものが認められている。テスト・オプションによる道徳性の判断は、かなり妥当な測定方法であるように思われる。

道徳的変容の判断基準

道徳的テーマについて対話をする場合でも、以上の項目の視点を取り入れながら議論すれば、よりよい判断に至るものと思われる。そして、これらの手続き＝テストをどれほど取り入れながら判断したかを見ることで、道徳的変容（成長）が生じたかどうかを測定できるだろう。

永井・河野は、前記のデイヴィスのテストを参考にして、「専門集団テスト」「同僚テスト」「所属組織テスト」といった専門職倫理用の項目を一般化した。さらに、これまでの道徳発達の理論、とりわけ、これまでの判断基準（ディヴィスのテストを含めて）で見過ごされがちだったケア倫理の視点を取り入れながら、以下のような道徳科授業の評価項目を作成した。

特に、（c）文脈敏感性と（e）ケア的解決は、ケア倫理学の倫理的特徴を反映している（ギリガン、2022; スロート、2021）。

（a） 判断基準の多元性：道徳的問題を多元的な基準に照らし合わせて、複合的に判断できる。さまざまな価値を有する人々が暮らす現代社会の多元性に応じた項目であり、デイヴィスの「危害テスト」、「人権テスト」を包含する。

（b） 役割取得の多様性：道徳的問題を、それに関わるさまざまな当事者の観点に視点を移動して、判断できる。これは、これまでの伝統的な道徳判断における「普遍性」を具体的・現実的にした基準である。デイヴィスの「同僚テスト」「所属組織テスト」を包含する。

（c）文脈敏感性：ある道徳的問題を、その問題の歴史的・時間的文脈や社会的・制度的枠組などに準じて理解でき、その文脈から判断できる。道徳の画一性や一元性を避けながらも、相対主義に陥らないための方法である。

（d）超越性：その道徳的問題が生じている前提を見つけ、その前提を超克することで問題解決を目指す「メタ」な態度が取れる。自分が身につけている常識やこれまでの道徳観に対して批判的思考を働かせて、判断ができる。デイヴィスの「公表テスト」「弁護可能性テスト」は、問題をメタな視点から捉えていると言えるが、「超越性」はこれらを包含する。

（e）ケア的解決：道徳的問題を、その善悪をただ判断するだけでなく、当事者のその後の発展や成長につながるような解決を見出そうとする。道徳判断を、ただ糾弾したり称賛したりするだけのものと考えず、その判断から、どのようなよりよい状態への変容が引き起こせるかについて配慮し、考察ができる。デイヴィスの「徳テスト」を包含する。

これらの特徴は、道徳性に関する哲学対話において取られる視点でもある。それらの特徴を対話の中に引きだしていくのが、深い問いなのである。前記のテストを子どもたちの中に定着させるには、やはり、対話によってそれらのテストの視点から事例を議論してもらい、その基準を身につけてもらうことがよいだろう。その方が、よほど読み物を読んで感動するだけの、社会的文脈からも、子どもの日常生活からも離れた道徳教育よりも実践的な効果を生むことであろう。

あとがき

以上、本書では、子ども性と対話の深い関係、教育においてこれまで全く目標とされてこなかった子ども性への回帰を提案した。

子どもはひとりの人間として生まれる。しかし私たちは社会の中で生きるにつれて、何かの帰属先をもち、何かの社会的立場を持つようになり、人間であるよりも先に、何者かになってしまう。そうして、特定の社会の中だけで自分を捉えるようになった時にはもはや、自然や生命から乖離し、特定の社会に閉じた道徳観を持つようになってしまう。対話は、さまざまな他者と出会うことにより、自分の身に纏ったそれらの殻を引き剥がしていく過程である。それが、子ども性へ回帰するための方法の一つであろう。

子どものようになること、その道は険しいに違いない。本書の冒頭でも引用したが、ラファエロの描き方をたった四年で身に付けたピカソは、「子どものように描くには一生涯かかった」と言っている。同じように、子どもが成長していくうちに、子ども性を維持・発展させることも難しいに違いない。子どもはすぐに大人になってしまう。

本書で論じたのは、子どもの哲学の実践から得られた教育の抽象的な理念であり、何か具体的な教育政策や教育方法に直接につながるものではないだろう。しかし、子ども時代は皆が有していた創造性と世界との邂逅の感覚を年齢と共にさらに発展させるという逆転的な教育学が、これからますます必要とされるように思われる。その方向性を示せただけで、本書は満足せねばならない。

日本は、子どもの数がますます減っていく社会であるが、いまは大人口を誇る大国も、その人口が減少する未来は避けられないだろう。今後、人類の数は、適切な次元までずっと減少していくだろう。その意味で、私たちは、世界的に老化する時代に生きている。

だが、私たちは、老人となることに、あるいは、老人であることに、子どもになることへの希望を託せるのではないだろうか。対話を重ね、社会での地位やアイデンティティを気にする気持ちから解放された老人は、再び子どもになり、どこの特定のゲゼルシャフトにも帰属しないコスモポリタンになることができるのではないだろうか。

遊戯、新鮮さ、創造性を発揮できる潜在性を老人はもっているのではないだろうか。それ以上に大切なことは、老人は、クロノス的時間の支配から自由になれる点である。それは、老人が仕事からリタイアするということだけを意味するのではないし、ましてや人間社会から離脱するというのでもない。老人には、自分の時間がクロノス的に管理される生活から離れ、カイロス的瞬間を作り出すために自発的な活動を行う時間の余白が、与えられるからである。老人は、やりたいこと、やるべきことをやればよく、そのひとつひとつを全力で行う準備ができているかもしれない。老人と赤子はひとつのものかもしれないという突拍子もない考えを、筆者は、アーサー・C・クラーク原作の映画『2010年　宇宙の旅』を見ながら夢想したのである。

二〇二五年一月

河野　哲也

謝　辞

本書は、日本学術振興会科学研究費挑戦的研究（萌芽）「哲学対話における科学的知見の受容プロセスの神経基盤に関する実験的検討（24K21503-1）」（代表：中央大学　山口真美）、及び、学術知共創プログラム（二〇二三―二〇二八年度）「身体性を通じた社会的分断の超克と多様性の実現」（代表：東京外国語大学　床呂郁哉）の成果の一環です。

人名索引

ア 行

カ 行

サ 行

タ 行

ナ 行

ハ 行

マ　行

ヤ　行

ラ　行

ワ　行

事項索引

ア　行

カ　行

サ　行

タ　行

ナ　行

ハ　行

マ　行

ヤ　行

ラ　行

アルファベット

文　献

アンリオ，ジャック（1974）『遊び：遊ぶ主体の現象学へ』佐藤信夫訳，白水社.

アーレント，ハンナ（1994）『人間の条件』清水速雄訳，ちくま文芸文庫.

アリエス，フィリップ（1980）『〈子供〉の誕生：アンシァン・レジーム期の子供と家族生活』杉山光信・杉山恵美子訳，みすず書房.

バシュラール，ガストン（1965）『ロートレアモンの世界』平井照敏訳，世界思想社.

バフチン，ミカイル・M.（1984）『作者と主人公（ミハイル・バフチン著作集 2)』斎藤俊雄・佐々木寛訳，新時代社.

Bull, N. J.（1969）*Moral Education*（International Library of the Philosophy of Education Volume 4）. Routledge.

カーソン，レイチェル（2021）『センス・オブ・ワンダー』上遠恵子訳，新潮文庫（Kindle 版）.

カイヨワ，ロジェ（1971）『遊びと人間』［増補改訂版］多田道太郎・塚崎幹夫訳，講談社

千葉和義・仲矢史雄・真島秀行編著（2007）『サイエンスコミュニケーション：科学を伝える 5 つの技法』日本評論社.

クラーク，アーサー・C.（1979）『幼年期の終わり』福島正美訳，ハヤカワ文庫.

Collins, Harry（2014）*Are We All Scientific Experts Now?* Oxford: Wiley; Collins, Harry and Robert, Evans（2017）*Why Democracies Needs Science*. Oxford: Polity Press.

Davidson, Donald（2010）「墓碑銘のすてきな乱れ」『真理・言語・歴史』柏端達也ほか訳，春秋社.

デイヴィス，マイケル（2014）「道徳理論抜きの専門職倫理教育：非哲学者が問題にぶつかったときの役立つ手引きとして」『応用倫理』8,

pp. 29–41.
Dewy, John（1910）*How We Think*. Boston: D. C. Heath & Co.
Dryzek, J. S.（2000）*Deliberative Democracy and Beyond: Liberals, Critics, Contestations*. Oxford University Press
Eisenberg, N.（2008）*The Roots of Prosocial Behaviour*（Cambridge Studies in Social and Emotional Development）. Cambridge University Press.
エラスムス（1994）『エラスムス教育論』中城進訳，二瓶社.
フレイレ，パウロ（2011）『被抑圧者の教育学 新訳』三砂ちづる訳，亜紀書房.
フロム，エーリッヒ（2020）『生きるということ』新装版，佐藤哲郎訳，紀伊国屋書店.
フィーンバーグ，アンドリュー（2004）『技術への問い』直江清隆訳，岩波書店.
Gibson, J. J.（1973）"Direct visual perception: A reply to Gyr." *Psychological Bulletin*, 79, 396–397.
Gibson, J. J.（1985）『生態学的視覚論：ヒトの知覚世界を探る』古崎敬他共訳，サイエンス社.
Gibson, J. J.（1970）"On the theory for visual space perception: A reply to Johansson." *Scandinavian Journal of Psychology*, 11, 75–79.
ギリガン，キャロル（2022）『もうひとつの声で：心理学の理論とケアの倫理』川本隆史・山辺英梨子・米典子訳，風行社.
グレーバー，デヴィッド（2020）『ブルシット・ジョブ：クソどうでもいい仕事の理論』酒井隆史・芳賀達彦・森田和樹訳，岩波書店.
ハーバーマス，ユルゲン（2013）『討議倫理』（新装版）清水多吉・朝倉輝一訳，法政大学出版会.
ハイデガー，マルチン（2013）『技術への問い』関口弘訳，平凡社ライブラリー.
ハスクリー，オルダス（1995）『知覚の扉』河村錠一郎訳，平凡社ライブラリー.
ホッファー，エリック（2003）『魂の錬金術　エリック・ホッファー』中本義彦訳，作品社.

ホイジンガ，ヨハン（2018）『ホモ・ルーデンス：文化のもつ遊びの要素についてのある定義づけの試み』里見元一郎訳，講談社（Kindle版）.

Ihde, Don（1990）*Technology and the Lifeworld: From Garden to Earth*. Bloomington and Indianapolis: Indiana University Press.

イリイチ，イヴァン（1977）『脱学校の社会』東洋・小澤周三訳，東京創元社.

伊藤亜紗（2018）『どもる体』医学書院.

Jackson, Thomas E.（2004）Philosophy for Children Hawaiian Style: "On not Being in a Rush..." *Thinking: The Journal of Philosophy for Children*, 17（1-2）, pp. 4-8.

金澤正治・河野哲也（2024）「「子どもの哲学」がもたらす主体的で対話的な「手続きの道徳性」」『思考と対話』Vol. 6, pp. 26-36.

金原洋治・高木潤野（2018）『子どもの場面緘黙サポートガイド』合同出版.

Keil, Charles and Feld, Steven（1994）*Music Grooves: Essays and Dialogues*. Chicago and London: University of Chicago Press.

Kohan, Walter（2003）"Childhood and Education in Plato," *Educação e Pesquisa, São Paulo*, 29: pp. 11-26.

Kohlberg, L.（1981）*Essays on Moral Development, Vol. I: The Philosophy of Moral Development*. San Francisco, CA: Harper & Row.

河野哲也（2005）『環境に拡がる心：生態学的哲学の展開』勁草書房.

河野哲也（2006）『〈心〉はからだの外にある：「エコロジカルな私」の哲学』NHK Books.

河野哲也（2014）『境界の現象学：始原の海から流体の存在論へ』筑摩選書.

河野哲也（2019）『人は語り続けるとき，考えていない：対話と思考の哲学』岩波書店.

河野哲也（2022）『間合い：生態学的現象学の展開』東京大学出版会.

コトルバ，アミエ（2019）『場面緘黙の子どもとアセスメントと支援：心理師・教師・保護者のためのガイドブック』青柳宏亮・宮本奈緒子・木暮詩織訳，遠見書房.

串田孫一（1995）『新選 山のパンセ：串田孫一自選』岩波文庫.
ロートレアモン（1968）『マルドロールの歌』栗田勇訳，現代思潮社.
リップマン，マシュー（2014）『探究の共同体：考えるための教室』河野哲也・土屋陽介・村瀬智之監訳，玉川大学出版部.
Lynch, Michael P.（2005）*True to Life: Why Truth Matters*. Cambridge, Mass.: Bradford book, MIT Press.
メルロ＝ポンティ，モーリス（1966）「幼児の対人関係」『眼と精神』みすず書房.
Merton, Robert K.（1973）*The Sociology of Science: Theoretical and Empirical Investigations*. Chicago: University of Chicago Press.
マシューズ，ガース・B.（1997）『哲学と子ども：子どもとの対話から』倉光修・梨木香歩訳.
三島由紀夫（2003）『金閣寺』新潮文庫.
モリナガ アメ（2017）『かんもくって何なの⁉』合同出版.
村井尚子（2022）『ヴァン＝マーネンの教育学』ナカニシヤ書店.
永井玲衣・河野哲也（2021）「オンラインでの子どもの哲学による「考え，議論する道徳」の実践：小学校5年生の道徳科」『立教大学教育学科研究年報』第64号，pp. 281-291.
ニーチェ，フリードリッヒ（1980）「ギリシャ人の悲劇時代における哲学」『ニーチェ全集第二巻（第一期）』西尾幹二訳，白水社.
日本学術会議哲学委員会（2020）『報告：道徳科において「考え，議論する」教育を推進するために』.
ノディングズ，ネル（2006）『教育の哲学：ソクラテスから“ケアリング”まで』宮寺晃夫訳，世界思想社.
ノディングズ，ネル・ブルックス，ローリー（2023）『批判的思考と道徳性を育む教室：「論争問題」がひらく共生への対話』山辺恵理子監訳，山下慎・田中智輝・村松灯訳，学文社.
ヌスバウム，マーサ（2016）『女性と人間開発：潜在能力アプローチ』池本幸生・田口さつき・坪井ひろみ訳，岩波書店.
Oliverio, Stefano（2014）“The Repuerescentia of the Teacher: A Philosophical-Educational Perspective on the Child and Culture,” *Childhood and Philosophy*, pp. 247-265.

ピカート，マックス（2021）『沈黙の世界』佐野利勝訳，みすず書房.
Piaget, J. (1969) *Le Jugement Moral Chez l'Enfant*. Paris: PUF.
プラトン（2012）『ソクラテスの弁明』納富信留訳，光文社古典新訳文庫（Kindle 版）.
ロールズ，ジョン（2010）『正義論』（改訂版）川本隆史・福間聡・神島裕子訳，紀伊国屋書店.
酒井隆史（2022）『ブルシット・ジョブの謎：クソどうでもいい仕事はなぜ増えるか』講談社現代新書（Kindle 版）.
セン，アマルティア（2018）『不平等の再検討：潜在能力と自由』池本幸生他訳，岩波現代文庫.
スロート，マイケル（2022）『ケアの倫理と共感』早川正祐・松田一郎訳，勁草書房.
スミス，ベニータ，レイ・スルーキン，アリス（2017）『場面緘黙：支援の最前線』かんもくネット訳，学苑社.
園山繁樹（2022）『場面緘黙支援入門』学苑社.
高木潤野（2017）『学校における場面緘黙への対応』学苑社.
高階秀爾（1998）『近代美術の巨匠たち』青土社.
ユクスキュル，ヤーコプ・フォン／クリサート，ゲオルグ（2005）『生物から見た世界』日高敏隆・羽田節子訳，岩波文庫.
Van Manen, Max (1991) *The Tact of Teaching: The meaning of Pedagogical Thoughtfulness*. Ontario: The Althouse Press.
Van Manen, Max (2015) *Pedagogical Tact: Knowing What to Do When You Don't Know What to Do*. Routledge.
Van Manen, Max (2023) *Phenomenology of Practice: Meaning-Giving Methods in Phenomenological Research and Writing*. Second ed. Routledge.
ヴィリリオ，ポール（2003）『瞬間の君臨：リアルタイム世界の構造と人間社会の行方』土屋進訳，新評論.
鷲田清一（2013）『「待つ」ということ』角川選書（Kindle 版）.
ウィナー，ラングドン（2000）『鯨と原子炉：技術の限界を求めて』吉岡斉，紀伊国屋書店.
山口路子（2023）『ピカソの言葉：勝つためでなく，負けないために闘

う』大和書房.
山田敏（1994）『遊び論研究：遊びを基盤とする幼児教育方法理論形成のための基礎的研究』風間書房.
矢野智司（2006）『意味が躍動する生とは何か：遊ぶ子どもの人間学』世織書房.
Ziman, John.（2000）*Real Science: What It Is, and What It Means.* Cambridge: Cambridge University Press.

著者略歴

1963 年生まれ．慶応義塾大学大学院文学研究科博士課程修了．博士（哲学）

現在：立教大学文学部教育学科教授

主著：『人は語り続けるとき，考えていない：対話と思考の哲学』（岩波書店，2019），『じぶんで考え じぶんで話せる：こどもを育てる哲学レッスン』（増補版）（河出書房新社，2021 年），『問う方法・考える方法：「探求型の学習」のために』（ちくまプリマー新書，2021 年），『間合い：生態学的現象学の探究』（シリーズ「知の生態学の冒険：J・J・ギブソンの継承」）（東京大学出版会，2022 年），『アフリカ哲学全史』（ちくま新書，2024 年）など多数

教育哲学講義

子ども性への回帰と対話的教育

2025年 2 月20日　第 1 版第 1 刷発行

著　者　河《こう》　野《の》　哲《てつ》　也《や》

発行者　井　村　寿　人

発行所　株式会社　勁《けい》　草《そう》　書　房

112-0005 東京都文京区水道2-1-1　振替　00150-2-175253

（編集）電話　03-3815-5277／FAX　03-3814-6968

（営業）電話　03-3814-6861／FAX　03-3814-6854

平文社・中永製本所

ISBN978-4-326-29940-9　　Printed in Japan